DAGMAR VON CRAMM

KOCHEN *für* KINDER

DAGMAR VON CRAMM

KOCHEN *für* KINDER

FOTOGRAFIE: BARBARA BONISOLLI
ILLUSTRATIONEN: JULIA HOLLWECK

9

Besser essen mit KINDERN

GUT ZU WISSEN: BASICS

33

Frühstück & BROTZEIT

GUT ZU WISSEN: BASICS

REZEPTE FÜR DEN MORGEN

63

Essen für MUTTER & Kind

97 Rezepte für 4 FAMILIEN-Essen

159 Feste FEIERN!

GUT ZU WISSEN: FESTE

PARTYREZEPTE

177 Erkältung, Fieber, KRANK! Bauchzwicken

GUT ZU WISSEN: GESUND WERDEN

BEWÄHRTE REZEPTE

ZUM NACHSCHLAGEN

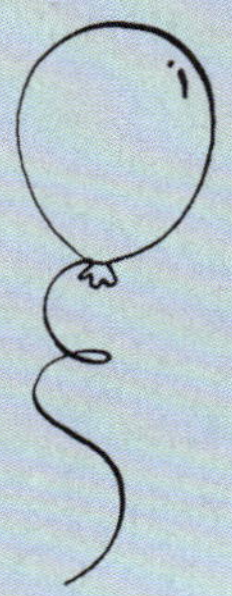

Wir haben im Buch
ein Gespenst versteckt.
Wer findet es?

Dagmar von
Cramm

DER ESSTISCH – DAS HERZ DER FAMILIE

Alles ändert sich – und trotzdem bleibt vieles, wie es ist: Wir alle essen und trinken – und das tun wir am liebsten gemeinsam. Vor allem in der Familie.

Das ist der Lebensraum, in dem regelmäßig gekocht und gemeinsam gegessen wird. Trotz Schulverpflegung, Kita und Kantine: Noch nie war die Küche als Ort der Begegnung so wichtig. Vielleicht findet deshalb mein GU Kochbuch für Kinder auch nach 15 Jahren noch so viele Freunde.
Warum wir es jetzt – ganz behutsam – verändert haben? Dafür gibt es mehrere Gründe. Unser Kochverhalten verändert sich: Es soll ein bisschen schneller gehen, wir haben ganz neue Lebensmittel im Einkaufskorb, die gut sind und uns das Leben erleichtern. Wir schnuppern an fremden Töpfen, mögen Thaiküche und Currys, lieben orientalische Aromen. Wer hätte gedacht, dass Hummus mal so beliebt wie Kräuterquark wird?
Gleichzeitig gibt es neue wissenschaftliche Erkenntnisse, die toll dazu passen: weniger Fleisch – vor allem weniger Wurst und Aufschnitt. Dafür mehr Vollkorn, Hülsenfrüchte, Nüsse und Kerne. Mehr Fisch! Gemüse war schon immer eine echte Herausforderung am Familientisch: Das ist so geblieben und die nehme ich gerne an. Sie finden hier also mehr vegetarische Gerichte, die Fleischportionen sind kleiner, es gibt mehr Fisch und insgesamt sind die Zutaten vollwertiger. Trotzdem werden Sie Ihre Lieblingsgerichte wiederfinden: das gilt für Sonntagsbraten, Bolognese-Sauce und Geschnetzeltes, für Muffins, Pfannkuchen oder Ofenschlupfer.
Auch die Situationen, in denen Sie mit Ihrem Kind oder Ihren Kindern am Esstisch sitzen, verändern sich: mal sind Sie zu zweit, dann wieder komplett. Für jede »Besetzung« biete ich Ihnen schnelle, supergesunde und köstliche Gerichte an. Die Sie nicht stressen und allen guttun. Ganz normale, manchmal auch ein wenig altmodische Rezepte, die als Soulfood nicht nur Ihre Kinder aufbauen, sondern auf wunderbare Weise die Stimmung am Tisch heben.
Denn darum geht es: das Brot teilen, die Gemeinsamkeit fühlen und gleichzeitig schmecken und spüren, wie gut frisch zubereitetes Essen tut. Es lohnt sich, dafür zu kochen.

Herzlichst, Ihre Dagmar von Cramm

REIS
Raps ÖL

Besser essen mit KINDERN

DIE FAMILIENMAHLZEIT

Jetzt ist es wissenschaftlich abgesichert: Zusammen essen macht Kinder auf Dauer gesünder und beugt sogar Übergewicht vor. Warum eigentlich? Es geht schon um die Vorbereitung, die Düfte und die Vorfreude: So bekommen Kinder eine natürliche Beziehung zum Essen. Sie erleben mit, wie eine Mahlzeit entsteht, entdecken Aromen, Geschmack und eigene Vorlieben. Und: Beim Essen sitzen alle gemeinsam am Tisch, reden miteinander, planen den Tag, erzählen von traurigen und tollen Erlebnissen. Die Tafelrunde ist heute mehr denn je das Zentrum des Familienlebens.

BASICS FÜR DEN ALLTAG

Als Single oder als Paar ist die Verpflegung relativ einfach und klappt notfalls auch ohne Kochen. Doch mit dem ersten Kind ändert sich alles: Sie tragen die Verantwortung, dass Ihr Kind regelmäßig zu essen bekommt. Und zwar das Richtige! Und wie ist es mit Ihnen selbst? Es ist gut, das von Anfang an gemeinsam zu planen – je früher, desto besser.

FESTE ZEITEN Das Familienessen ist ein ebenso wichtiger Termin wie Konferenzen oder Arztbesuche. Finden Sie gemeinsame Zeitfenster, in denen die ganze Familie, Vater, Mutter, Kind, zusammen isst. Auch schon im ersten Lebensjahr. Wichtig: Planen Sie ausreichend Zeit dafür ein – dann wird das Essen zur echten Erholung.

REGELN UND RITUALE helfen Ihrem Kind, sich auf der Welt zurechtzufinden und geborgen zu fühlen. Jedes Familienmitglied sollte einen Stammplatz haben – Ihr Kleinkind natürlich seinen Hochstuhl. Gemeinsam zu beginnen und zu enden ist die Basis einer gelungenen Mahlzeit.

GEBEN UND NEHMEN Beim Essen sollte niemand aufstehen müssen. Deshalb keine Tellergerichte servieren und nicht zwischen Herd und Tisch pendeln. Lieber Schüsseln und Platten auf den Tisch stellen. Das gegenseitige Anreichen und Teilen schafft Gemeinschaft.

ECHT LECKER! Bei Tisch wird nicht gemeckert! Im Gegenteil: Essen ist ein genüssliches Thema – das bekommen auch schon die Kleinsten mit. Und wenn es gut war, darf man ruhig loben. Probiert wird von allem erst einmal ein Happen.

BITTE REDEN Kommunikation bildet das Herz der Familie und die gemeinsame Mahlzeit bietet die seltene und kostbare Gelegenheit dazu – eine Oase inmitten der Alltagshektik. Verbannen Sie Smartphones und Co. vom Esstisch. Hier darf jeder ausbreiten, was ihn beschäftigt, und alle hören zu.

IHR VORBILD ZÄHLT

Eltern führen. Das ist heute nicht mehr selbstverständlich, wir müssen uns oft erst darauf besinnen. Das gilt auch fürs Essen.

EINIGKEIT Wenn der Vater bei Gemüse missbilligend die Nase rümpft, ist es kein Wunder, wenn das Kind meutert: Ablehnung hinterlässt einen viel tieferen Eindruck als positive Verstärkung. Da kann die Mutter noch so begeistert am Salatblatt kauen. Eltern sollten also vorher ihre Essgewohnheiten kritisch hinterfragen und sich einigen. Da ist jede Menge Toleranz gefragt - und viel Offenheit für Neues.

PROBIEREN Heute muss keiner mehr den Teller leer essen. Das Problem ist eher Wunschkost aus dem Kühlschrank. Deshalb ist es wichtig, alles zu probieren. Studien ergaben, dass kleine Kinder ein Essen bis zu 15-mal probieren müssen, um es zu mögen. Vielleicht geht es uns Erwachsenen ja ebenso? Das kann auch spannend sein!

TEILEN Es gibt immer etwas, das besonders begehrt ist: das Wienerle, die gerösteten Croûtons oder der Nachtisch. Kinder – gerade, wenn sie alleine sind – sollten von Anfang an lernen, dass auch die Leckerlis geteilt werden und sich keiner allein die Rosinen aus dem Kuchen pickt.

MITMACHEN Essen ist Sache der ganzen Familie: Jeder hilft, soweit er kann, auch beim Ab- und Aufräumen. Schon Vorschulkinder können den Tisch decken und beim Wegräumen helfen. Wer rechtzeitig zu Hause ist, kann schon mal die Salatsauce machen oder die Kartoffeln aufsetzen. Feste Pflichten helfen im Alltag.

KOMMUNIKATIV: DIE KÜCHE

Zunehmend wird die Küche auch wieder zum Essplatz. Und das ist gut so. Denn so ist auch das Kochen eine gemeinsame Sache. Wo sonst haben Eltern die Möglichkeit, ihren Kindern ganz praktisch etwas beizubringen? Sie können sie in die bunte Welt der Lebensmittel einführen, ihnen den Umgang mit Messer und Gabel beibringen, ausprobieren, wie man Möhren schält oder Teig knetet, Eier trennt oder Kartoffeln stampft. Das Tolle beim Kochen und Essen: Man kann gleichzeitig miteinander reden, das macht diese Gemeinsamkeit so wertvoll für die ganze Familie. Ganz nebenbei wird Ihr Kind motorisch geschickter, lernt zu riechen und zu schmecken, erlebt mit, wie sich Lebensmittel durch Hitze, Feuchtigkeit oder Zerkleinern verändern: Das ist angewandte Physik und Chemie – oder Vorbereitung aufs Leben. Mit einer dicken Belohnung nach jeder Anstrengung!

GEMEINSAM ESSEN VON ANFANG AN

>Die Grundlagen für gemeinsame Mahlzeiten legen Sie schon im ersten Jahr: Jetzt entwickelt sich Ihre Familientradition. Nutzen Sie die Elternzeit dazu, selbst zu kochen und das gemeinsame Essen zu üben.

>Im ersten Halbjahr hat Ihr Baby seine Trinkzeiten unabhängig von Ihrem Lebensrhythmus – achten Sie darauf, dass Sie selbst in puncto Essen nicht zu kurz kommen. Im Laufe des zweiten Halbjahrs können Sie zumindest das Mittagessen miteinander zubereiten: Die Erwachsenenportion wird nachträglich gewürzt, die Babyportion püriert. Am Ende des ersten Jahrs können alle dasselbe essen, wenn es kindgerecht zubereitet ist.

>Es ist nicht entscheidend, welche Mahlzeit ein Familienessen ist. Es kann das Frühstück oder das Abendessen sein. Je öfter eine Familie gemeinsam isst, desto gesünder ist das Essen, das auf den Tellern landet. Das ergab eine aktuelle Studie.

WAS KINDER GERNE ESSEN

»Die« Kinder gibt es ebenso wenig wie »die« Erwachsenen. Schon innerhalb einer Familie unterscheiden sich Vorlieben und Abneigungen teilweise ganz erheblich. Aber zunächst einmal essen Kinder das gerne, was sie gewohnt sind – »mere exposure effect« heißt dieses Phänomen. Deshalb mögen englische Kinder baked beans, japanische Miso und deutsche Fleischwurst. Als Eltern haben Sie also die große Chance, Vorlieben zu prägen und zur gesunden Gewohnheit zu machen. Je bunter es bei Ihnen auf den Tellern zugeht, desto besser für Ihr Kind. Was Ihnen schmeckt, wird auch Ihrem Kind gefallen. Und: Je vergnügter die Stimmung bei Tisch ist, desto besser!

KINDER-KNÜLLER

Was bei Kindern gut ankommt, hat die Lebensmittelindustrie bestens erforscht. Wir können von ihr lernen, um Kindern Dinge schmackhaft zu machen, die ihnen guttun!

SÜSS Angeboren ist Kindern eine Vorliebe für Süßes, verbunden mit einer Abneigung gegen bittere, starke Aromen. Kleine Kinder wissen instinktiv, dass süße Sachen meistens nicht giftig sind – so erklären Entwicklungspsychologen diese Vorliebe, die sich mit zunehmendem Alter abschwächt und verändert.

MUNDGEFÜHL Die Konsistenz ist wichtig. Wenn es knuspert und knistert, wenn es spielerische Berührungsreize im Mund gibt, dann schmeckt es Kindern. Deshalb lieben sie rohes Knabbergemüse, bissfeste Spaghetti und cremigen Pudding.

ORDNUNG Kein Chaos auf dem Teller: Kinder lieben unterschiedliche Komponenten, aber immer schön voneinander getrennt. Mischen wollen sie selbst! Aber passen Sie auf, dass die Nudeln dann nicht einfach ganz »ohne« gegessen werden.

FARBE »Das Auge isst mit« gilt ganz besonders für Kinder. Deshalb lieben sie Ketchup, Erbsen und Beeren. Geben Sie gelbes Kurkuma an Vollkorn, malen Sie Gesichter auf die Käsescheibe und lassen Sie auch mal Radieschenmäuse auf den Teller!

ACTION Kinder schmecken, riechen und fühlen vielfältiger als Erwachsene: Sie wollen »auf allen Kanälen« etwas geboten bekommen. Also bitte keinen Einheitsbrei! Lieber ein cremiger Dip zu knusprigen Ofenpommes oder eine samtige Suppe mit gerösteten Brotwürfeln (siehe S. 64).

ESSMÄRCHEN Kinder lieben Geschichten ebenso wie wir. Das kann die Pinzessin auf der Erbse sein. Aber auch das Gleichnis vom kleinen Samenkorn und seinem Weg zum Brot. Popeye hat es so geschafft, Spinat zum Lieblings-Kindergemüse zu machen!

WAS JETZT WICHTIG IST

EIN FUNDAMENT LEGEN Das, was wir gerne essen, Vorlieben und Abneigungen, prägt sich in der Kindheit. Gerade im Alter zwischen drei und etwa zehn Jahren werden die Weichen für unser Ernährungsverhalten gestellt. Geben Sie jetzt Ihrem Kind mit, was es für ein Leben im Schlaraffenland braucht. Denn später sinkt der Einfluss des Elternhauses – die Clique wird wichtiger. Doch die Basis ist dann gelegt.

BAUSTEINE FÜRS LEBEN Während des Wachstums braucht der Körper besonders viele Nährstoffe. Der Kalziumvorrat fürs Leben wird bis zum 20. Lebensjahr eingelagert – danach beginnt der Abbau. Ausreichend Eiweiß ermöglicht den Zellaufbau. Mindestens ebenso wichtig ist eine gesunde Darmflora – deshalb spielen Ballaststoffe so eine Riesenrolle. Dies alles ist mit einer vollwertigen Ernährung zu erreichen – ganz ohne Zusatzstoffe!

DER GESUNDE GESCHMACK Kinder sind konservativ. Aber wenn sie von klein auf ein großes Spektrum an natürlichen Lebensmitteln, Gerichten und Getränken kennenlernen, bildet sich ihr Geschmacksvermögen, sie werden zu Kennern. Umgekehrt können Fertigprodukte und künstliche Aromen an Industriekost gewöhnen. Das ist kurzfristig bequem – macht aber abhängig.

HUNGER UND SÄTTIGUNG Eine halbe Stunde vor dem Essen Hunger zu haben, ist keine Katastrophe – im Gegenteil. Hunger muss auch nicht umgehend mit einem Snack gestillt, sondern als Signal für die nächste Mahlzeit wahrgenommen werden. Wichtiger ist es zu merken, wann man satt ist. Und zu lernen, dann auch mit dem Essen aufzuhören.

WISSEN SIE, WAS IHR KIND GERN ISST?

Machen Sie mit Ihrem Kind dieses Interview und versuchen Sie gemeinsam mit ihm herauszufinden, was es wirklich mag. Und noch ein Tipp: Notieren Sie die Vorlieben und wiederholen Sie das Interview in einem halben Jahr ...

WEISST DU, WAS DIR SCHMECKT?

1. Was trinkst du am liebsten zum Frühstück? Milch? Kakao? Tee? Oder Saft?
2. Magst du diese Getränke lieber warm oder kalt?
3. Isst du morgens gern Müsli oder Frühstücksflocken?
4. Soll es knusprig oder weich sein? Was sind deine Lieblingssorten?
5. Brötchen, Graubrot, Toast, Vollkornbrot oder Croissant: Was schmeckt dir morgens am besten?
6. Was kommt oben drauf? Konfitüre, Honig, Nuss-Nougat-Creme oder Schokostreusel?
7. Oder magst du lieber Wurst und Käse? Welche Sorten?
8. Wie sieht für dich das perfekte Kindergarten- bzw. Schulbrot aus?
9. Was trinkst du, wenn du so richtig durstig bist? Wasser, Saft, Limo, Milch, Früchtetee, Eistee, Schorle?
10. Isst du zwischendurch lieber einen Apfel, eine Banane oder anderes Obst? Welche Sorte magst du am liebsten?
11. Magst du Süßspeisen wie Pfannkuchen oder Kaiserschmarren auch zum Mittagessen?
12. Bist du eher ein Nudel-, Reis- oder Kartoffelfan?
13. Wie magst du Kartoffeln am liebsten? Zum Pellen, aus dem Ofen, gebraten, als Pommes, als Puffer oder als Brei?
14. Magst du Fleisch?
15. Was schmeckt dir gar nicht?
16. Magst du Fisch?
17. Würdest du nachmittags lieber Kuchen oder Joghurt essen? Findest du Nachtisch wichtig?
18. Probierst du gerne Dinge, die du noch nie gegessen hast? Schau dir die Rezepte in diesem Buch an. Was würdest du gern mal ausprobieren?

ESSEN MIT ANDEREN

Zwischen dem ersten und dritten Lebensjahr haben Kinder ein Recht auf einen Kitaplatz. Die Gemeinschaft und das Spielen mit Gleichaltrigen tut ihnen jetzt gut und fördert ihre gesunde Entwicklung. In der Regel heißt das aber auch: Ab jetzt gibt es Essen in der Gruppe. Auch bei der Tagesmutter oder bei den betreuenden Großeltern schmeckt das Essen sicher anders als zu Hause. Was die Freunde in ihrer Lunchbox als Brotzeit mitbringen, ist mindestens so spannend wie das, was sich in der eigenen Dose verbirgt. Auch die Werbung spielt eine nicht unerhebliche Rolle. Mit anderen Worten: Nicht Sie allein können regeln, was Ihr Kind isst. Das kann positiv sein: Plötzlich schmeckt Gemüse, das daheim abgelehnt wird. Aber es kann auch den Wunsch nach »Junk Food« oder Süßem wecken. Vielfalt ist wichtig für ein gesundes Essverhalten. Und wenn es wirklich nur ausnahmsweise Knabberzeug gibt – drücken Sie ein Auge zu.

DAS GANZE DRUMHERUM

Beim Essen spielt nicht nur der Inhalt des Tellers eine Rolle, sondern auch der Teller selbst, die Umgebung, das Licht, die Geräuschkulisse und die Tischregeln, also die Rahmenbedingungen. Sie sind so wichtig, dass sie ein Teil der Verpflegungsstandards der Deutschen Gesellschaft für Ernährung (DGE) sind.

GEMEINSCHAFT Tellergerichte oder bei Schulkindern Tabletts bringen viel Unruhe. Besser, wenn Kinder Tischdienste übernehmen und das Essen wie in der Familie auf den Tisch gestellt wird. Wichtig: Erzieher oder Lehrer sollten mit am Tisch sitzen und mitessen. Sie sind für die Einhaltung der Regeln verantwortlich und können helfend einspringen.

BELEUCHTUNG Am schönsten ist natürlich Tageslicht. Das wird nicht immer fürs Essen reichen. Warmlicht schafft eine gemütliche Atmosphäre. Die Tische sollten gut ausgeleuchtet sein, ohne zu blenden.

LÄRM Viele Kinder machen viel Krach. Und leiden dann darunter – nicht nur die Erwachsenen. Vorhänge, Teppiche und Pflanzen können Lärm dämmen. Fürs Putzen ist das ungünstig: Da ist Kreativität gefragt.

SITZEN Während des Essens wird nicht getobt! Alle sitzen am Tisch, der in seiner Größe auf die Kinder abgestimmt ist. Nur so kann eine ruhige Atmosphäre für eine wohltuende Mahlzeit entstehen.

TRINKEN Kinder sollten unbedingt zum Essen trinken – am besten Wasser. Das stört Aromen und Nährstoffe am wenigsten – und es macht nichts, wenn etwas umkippt. Die Becher am besten erst füllen, wenn alle sitzen. Und nachschenken, wenn sie leer sind.

FRÜHSTÜCK In vielen Kitas gibt es »freies« Frühstück, weil die Kinder unterschiedlich ankommen. Kein Kind sollte allein essen – zumindest eine Erzieherin sollte Gesellschaft leisten. Besser wäre ein spätes gemeinsames Frühstück als Beginn des gemeinsamen Tages.

MITTAGSPROBLEME

Das warme Mittagessen ist in Deutschland nach wie vor die Regel. Das wird sich auch nicht so schnell ändern. Nur verlagert sich die Mittagsmahlzeit von zu Hause in Kita, Schule und Betrieb. Hier einen Rhythmus zu finden, der für alle Familienmitglieder passt, ist manchmal nicht ganz leicht.

WAS MACHE ICH, WENN ...

... MEIN KIND OHNE MITTAGESSEN BIS 14 UHR IN DER KITA IST? Geben Sie ihm etwas Gehaltvolles für die letzte halbe Stunde oder den Heimweg mit. Ein Müsli wäre ideal oder eine Banane, einen Joghurt oder ein paar wenig gesüßte Knabberkekse. Besser wäre ein gemeinsames Mittagessen vorher in der Einrichtung.

... DER PARTNER ERST ABENDS MITESSEN KANN? Es kommt darauf an, ob er oder sie mittags selbst die Möglichkeit hat, warm zu essen. Dann gibt's abends kalt für alle. Und wenn nicht? Entweder es gibt mittags dann nur ein ganz schnelles Essen und Sie kochen abends für alle (Rezepte S. 98-157). Oder Sie essen mittags kalt, aber mit Rohkost. Wichtig ist, dass Sie jede Gelegenheit nutzen, gemeinsam zu essen.

... ICH GLEICHZEITIG MIT MEINEM KIND NACH HAUSE KOMME? Wenn das häufig vorkommt, sollten Sie ein festes Ritual entwickeln – z. B. erst mal etwas zusammen gegen den ersten Hunger trinken. Das kann eine Latte für Sie sein und ein kleiner Kakao, ein Smoothie oder ein reiner Fruchtsaft für Ihr Kind. Danach am besten gemeinsam das Essen fertigstellen.

KITA-ESSEN MUSS BESSER WERDEN!

Die Bertelsmann Stiftung untersucht seit Jahren die Qualität der frühkindlichen Betreuung in Deutschland. Sie hat 2014 auch speziell die Qualität des Essens angeschaut. Das Ergebnis: In den meisten Kitas werden die DGE-Standards nicht erreicht. Auch Speiseraum, Küche und Know-how des Personals waren nicht ausreichend. Im Detail die Egebnisse, die sich auf 20 Verpflegungstage beziehen:

> In knapp der Hälfte der Einrichtungen gab es zu viel Fleisch, nämlich mehr als 8-mal! Und die Fleischportionen sollten höchstens zur Hälfte aus Wurst bestehen: Das schafften nur ein Viertel.

>Ausreichend Fisch gab es nur in einem Drittel der Einrichtungen.

> Bei 88 Prozent gab es zu wenig Obst, 8 Portionen in 20 Tagen sollten es sein. Das trifft vor allem Kinder, die daheim keine frischen Früchte bekommen.

>Täglich Gemüse gab es nur in gut der Hälfte der Kitas. 8 von den 20 Gerichten sollten Gemüse in Form von Salat oder Rohkost enthalten. Das schafften nur 19 Prozent.

CHECKLISTE FÜR DIE VERPFLEGUNG

Es gibt unterschiedliche Systeme: Mischküche, bei der zumindest teilweise selbst gekocht wird, tiefgekühlte oder gekühlte Anlieferung mit Erhitzen vor Ort und Warmverpflegung, die kritisch ist, wenn die Warmhaltezeit 2 Stunden überschreitet. Für alle gilt:

>Sind die Speisepläne für die Eltern einsehbar und wiederholen sie sich nicht häufiger als alle vier Wochen? Werden auch Vollkornprodukte angeboten? Gibt es täglich Gemüse? Wird höchstens einmal in 14 Tagen eine süße Hauptmahlzeit angeboten? Gibt's alle ein bis zwei Wochen Fisch und höchstens zweimal pro Woche Fleisch? Gibt es nicht häufiger als ein- bis zweimal pro Woche Frittiertes?

>Gibt es zu jeder Mahlzeit frisches Obst und/oder Knabbergemüse? Sind süße Riegel, Knabberzeug und Süßigkeiten verbannt? Gibt es nicht täglich Pudding oder Eis?

>Steht Trinkwasser und ungesüßter Früchte- oder Kräutertee zur freien Verfügung?

WIE IST DIE LAGE?

15 Prozent der Kinder sind übergewichtig – und zwar stärker als früher. Die Chancen, später schlank zu werden, sind mit diesem Befund sehr gering. Auf der anderen Seite gibt es bei Mädchen Probleme mit Untergewicht und Essstörungen. Jedes sechste Kind frühstückt nicht, ein Viertel bekommt kein warmes Mittagessen. Kinder essen zu viel Fett – vor allem tierisches – und zu viel Eiweiß. Sie bekommen zu wenig Obst, Gemüse, Kartoffeln, Milchprodukte und Fisch, aber durch Snacks, industriell hergestellte Süßigkeiten und Fast Food viel zu viel Zucker und Fleisch. Sie trinken zu wenig – und wenn, dann das Falsche, nämlich süße Limonaden und gezuckerten Nektar. Häufig fehlen ihnen lebenswichtige Spurenelemente und Mineralstoffe, allen voran Jod und Kalzium. Und das, obwohl viele Kinder zu den drei Hauptmahlzeiten eigentlich ganz vernünftig essen. Aber zwischendurch verderben schnelle Snacks die gute Essbilanz. Schließlich gibt es einen Trend, der nicht so einfach zu untersuchen ist: Ein Teil der Kinder entwickelt zunehmend eine Ess-Monotonie nach dem Motto »Spaghetti ohne Sauce« und »Pommes ohne Ketchup« und sonst nichts, weil die Eltern es ihnen um jeden Preis recht machen wollen. Das ist riskant.

WAS LÄUFT FALSCH?

ZU WENIG GEMÜSE Versuchen Sie Gemüse püriert in Saucen, Suppen, Puffern oder in knusprigen Hüllen zu verstecken. Oder es roh zum Knabbern anzubieten. Da reicht dann schon die halbe Menge, denn Rohkost hat besonders viele wertvolle Substanzen. Gleichen Sie mit Kartoffeln und Obst-Gemüse-Säften aus. Wochenmarkt und Selberpflanzen wecken den Appetit auf mehr Gemüse.

ZU WENIG OBST In mundgerechte Stücke geschnitten schmecken Früchte doppelt gut. Auch püriert im Müsli oder Pudding. Ein Glas Saft kann nicht mehr als eine der zwei Obstportionen ersetzen. Trockenfrüchte sind eher eine Süßigkeit!

ZU WENIG VOLLKORN Ersetzen Sie weißes Mehl Type 405 durch Type 1050. Backen Sie dunkle Schoko-Nuss-Kuchen mit Vollkornmehl. Wichtig: Vollkornmehl rasch verbrauchen, es wird schnell ranzig.

ZU WENIG MILCH Vielleicht mag Ihr Kind sie nur warm oder nur kalt? Gemixt mit Kakaopulver oder Früchten? Als Joghurt oder in Form von Käse? Wenn sie wirklich nicht vertragen wird: Ersatzdrinks, am besten aus Getreide oder Nüssen, sollten mindestens 120 mg Kalzium pro 100 ml enthalten und nicht gesüßt sein. Aber: ständiges Vermeiden kann zu Lactasemangel führen.

ZU WENIG FISCH Achten Sie auf grätenfreie Stücke. Püriert als Klößchen in viel Sauce oder ausgebacken in Teig wird er eher akzeptiert. Wichtig: nur ganz frischen Fisch verwenden, der nicht riecht. Und: Fischstäbchen sind erlaubt!

ZU VIEL FLEISCH UND WURST Oft reichen kleine Mengen Fleisch, um den Umami-Geschmack zu erzeugen. Auch Sojasauce täuscht Fleischiges vor. Sojaschnetzel können ab und zu Hackfleisch ersetzen. Veggie-Aufschnitt sollte nicht zu salzig sein. Fazit: Was Sie nicht einkaufen, landet nicht auf dem Teller!

ÜBERGEWICHT HAT VIELE URSACHEN

DAS DURCHSCHNITTLICHE GEWICHT von Kindern und Jugendlichen in Deutschland ist gestiegen: Knapp 9 Prozent der 3- bis 7-Jährigen und 15 Prozent der 7- bis 10-Jährigen sind zu dick! Die KiGGS-Studie hat dafür neben kalorienreicher Kost und psychischen Faktoren mehrere Risikofaktoren ausgemacht:

ELTERLICHES ÜBERGEWICHT Dafür ist nur zu einem kleinen Teil die Genetik verantwortlich. Es ist eher der ungesunde Lebensstil, den Eltern ihren Kindern weitergeben.

WENIG SCHLAF Je weniger Kinder schlafen, desto eher neigen sie zu Übergewicht. Das gilt übrigens auch für Erwachsene. Verantwortlich dafür sind wahrscheinlich Hormone.

WENIG BEWEGUNG Wer dick ist, mag sich nicht mehr gerne bewegen, weil das viel zu anstrengend ist. Und wer sich wenig bewegt, der braucht weniger Kalorien bzw. nimmt schneller zu.

LANGE BILDSCHIRMZEITEN Wer über viele Stunden hinweg Medien konsumiert, bewegt sich nicht und kann nebenbei sogar noch snacken und trinken. Und wird zusätzlich durch Werbung animiert.

STUDIEN: KIGGS, ESKIMO UND IDEFICS

Wie Kinder in Deutschland wirklich essen, was sie wiegen, wie gesund sie sind, wusste bisher keiner genau. Doch seit 2004 gibt es mehrere Untersuchungen. Das Robert Koch Institut befragte 17 641 Kinder und Jugendliche von 0 bis 17 Jahren. Die repräsentative Studie bestätigte viele Vermutungen. Tatsächlich leiden viele Kinder unter Allergie und Übergewicht, essen zu wenig Obst und Gemüse oder Vollkornbrot, trinken zu viel süße Getränke und zu wenig Milch, naschen zu viel Süßigkeiten und Knabberzeug und essen zu viel Wurst – Tendenz steigend. Eine große Rolle spielen dabei die Eltern. Das bestätigte eine große europäische Studie: Je höher Bildung und Haushaltseinkommen der Eltern war, desto gesünder aßen die Kinder. Die Gemeinschaftsverpflegung in Kita und Schule konnte das kaum ausgleichen. Das zeigt: Die Eltern sind wichtig.

KINDERLEBENSMITTEL SIND ÜBERFLÜSSIG

Kleine Spielzeuge, Sammelpunkte und peppige Aufmachung machen Kindern Appetit. Schon im Kita-Alter erkennen sie Logos und Symbole, später kennen sie Namen und die Werbestory, die dahintersteckt. Eine Untersuchung der Stiftung Warentest ergab: Kinderlebensmittel versorgen Ihr Kind schlechter mit allen wichtigen Nährstoffen, als selbst zubereitete, ganz normale Familienkost. Sie enthalten oft besonders viel Fett und Zucker und sind willkürlich mit Vitaminen und Mineralstoffen angereichert, die sich an den Empfehlungen für Erwachsene orientieren. Und sie sind teurer. Als Snack oder Süßigkeit sind sie nicht schlechter als andere Produkte– aber sie eignen sich nicht als Alltagskost. Klar macht es Spaß, Kindern mit Essen eine Freude zu machen. Aber das kann langfristig dazu führen, dass Ihr Kind zu wenig auf den eigenen Bauch hört und das Falsche isst. Das sollten Sie nicht unterstützen!

BAUSTEINE FÜRS LEBEN

Essen, um zu leben, das ist in unserer Gesellschaft kein Problem. Aber es geht um mehr, es geht um Gesundheit und Wohlbefinden bis weit ins Erwachsenenalter. Kinder, die ausreichend Milch und Milchprodukte bekommen, haben dichtere Knochen, und Kinder, die ausreichend Obst und vor allem Gemüse essen, sind besser gewappnet gegen Umweltbelastungen, Infektionskrankheiten und Darmerkrankungen. Das gilt auch für Vollkorngetreide und Nüsse. Kinder, die jeden Tag genug trinken, können sich besser konzentrieren. Auf der anderen Seite geht es bei der Ernährungserziehung darum, Kinder vor einem »zu viel« zu schützen und ihnen den richtigen, zurückhaltenden Umgang mit dem Überfluss und gefälligen Fertigprodukten beizubringen. Mein Fazit: Wer einen bunten Mix von natürlichen Lebensmitteln isst, der ist von den Risiken, die von einzelnen Produkten und Lebensmitteln ausgehen können, weniger betroffen.

EIWEISS FÜR DIE ZELLEN

Es ist in pflanzlichen und noch mehr in tierischen Lebensmitteln enthalten. Je ähnlicher es unserem Körpereiweiß ist, desto wertvoller: Dann brauchen wir weniger davon. Hochwertig sind Mixe wie Kartoffel mit Ei, Brot mit Käse, Flocken mit Milch, aber auch Fleisch mit Hülsenfrüchten oder Getreide. Je bunter die Mischung, desto besser.

EI ist besonders im Mix mit pflanzlichem Eiweiß top, leicht verdaulich und vielseitig. Den Cholesterinschrecken hat es verloren: Zwei bis drei Eier pro Woche sind kein Problem. Bio-Eier sind die besten!

FISCH ist der perfekte Mix aus leicht verdaulichem Eiweiß und supergesunden Fetten. Früh gegessen, beugt er Allergien vor. Seefisch sorgt für Jod. Doch Überfischung droht: Fisch aus Bio-Farmen ist zu empfehlen und zwar mindestens einmal pro Woche.

FLEISCH ist nicht nur reich an Eiweiß, Eisen, Zink und Vitaminen, sondern es enthält leider auch eher ungesundes, gesättigtes Fett. Dunkles Fleisch und speziell Wurst und Schinken scheinen das Krebsrisiko zu erhöhen. Geflügel schneidet dagegen gut ab und ist für Kinder leichter zu essen. Zwei- bis dreimal Fleisch in der Woche reicht.

MILCH UND MILCHPRODUKTE enthalten nicht nur reichlich Eiweiß, sondern sind auch Kalziumlieferant Nr. 1! Nachteilig sind die gesättigten Fette. Trotzdem scheint Butterfett nicht so schädlich zu sein wie angenommen und spielt auch in der Allergieprophylaxe eine Rolle. Deshalb ist bei Milch und Joghurt die Vollfettvariante okay. Bei Käse magere Sorten bevorzugen. Täglich drei Portionen.

HÜLSENFRÜCHTE wie die Saaten von Sojabohnen, Linsen, Erbsen und Bohnen enthalten viel pflanzliches Eiweiß, Ballaststoffe und, abgesehen vom gesunden Öl der Sojabohne, so gut wie kein Fett. Sie sind nicht so leicht verdaulich. Püriert oder als Mehl, lassen sie sich gut in die Alltagsküche einbauen.

DIE GUTEN KOHLENHYDRATE

Sie sind vor allem in Pflanzen enthalten. In ihrer ursprünglichen Form sind sie reich an Nährstoffen und sorgen dank Ballaststoffen und relativ vielen Kalorien für lange Sättigung.

BROT ist die Basis unserer heimischen Kost. Deshalb sollte es größtenteils aus Vollkorn sein – für Kinder am besten saftig und fein vermahlen. Sauerteigbrot ist besonders gut verträglich. Die Farbe allein sagt wenig aus: Checken Sie die Zutatenliste. Übrigens: Reiscracker enthalten weniger gute Nährstoffe als Vollkornbrot und lassen den Blutzucker schneller steigen.

CEREALIEN sollten frei von Zucker sein. Simple Hafer-, Dinkel-, Gersten- oder Hirseflocken, kombiniert mit Nüssen, Obst und Milchprodukten sind die beste Wahl. Am besten am Vorabend einweichen: Das macht sie leichter verdaulich. Noch bekömmlicher sind sie fein gemahlen im Frühstücksbrei. Die Kleinsten bekommen sie in Nachmittags- und Abendbrei.

SÄTTIGUNGSBEILAGEN sind reich an Kohlenhydraten: Pasta, Reis, Bulgur und Couscous oder ganze, vorgedämpfte Körner von Weizen, Dinkel und Hafer sind der Teil einer Mahlzeit, die Volumen haben und gleichzeitig jede Menge Energie in Form von Kalorien liefern. Auch hier gilt: je mehr Vollkorn, desto besser. Eine Hitzebehandlung lässt die Körner nach Zugabe von Flüssigkeit rasch quellen: toll für die schnelle Küche. Vor allem Amarant, Quinoa und Buchweizen sind eine gute Grundlage für vegetarisches Essen, weil sie viel Eiweiß enthalten.

DIE BESTEN: GEMÜSE & OBST

Sie enthalten viel von dem, was Kinder brauchen: Vitamine, Mineral- und Bio-Aktivstoffe, besonders Ballaststoffe. Und relativ wenig Kalorien, weil sie neben Kohlenhydraten viel Wasser enthalten. Trotzdem machen sie durch ihr Volumen schön satt. Drei Portionen Gemüse und zwei Portionen Obst am Tag sollten es sein. Je mehr Abwechslung, desto besser – das gilt auch für die Zubereitung: roh, gedünstet, gebacken und gebraten sollten sich abwechseln. Am besten zwischen Gemüse über und unter der Erde abwechseln. Eine gute Alternative zu frischem Saisongemüse ist TK-Ware, möglichst pur. Tomaten, Mais, Sauerkraut und Hülsenfrüchte sind auch als Konserve okay. Je früher Sie Ihr Kind an unterschiedliche Gemüsesorten gewöhnen, desto besser. Mit Obst gibt es selten Probleme: Klein geschnippelt oder in ungewöhnlicher Form angeboten, ist es im Nu weg!

OHNE FETT GEHT GAR NICHTS

>**Versteckt!** Nur ein Viertel des Fettes, das Kinder verzehren, ist sichtbar. Der größte Teil versteckt sich in Wurst, Käse, Fertigprodukten und Süßem und ist meist nicht so gesund. Deshalb ist die gute Wahl von Salatöl und Streichfett wichtig.

>**Je kleiner, desto fetter!** Babys, Kleinkinder, aber auch Schulkinder sollten nicht fettarm essen. Je jünger Kinder sind, desto mehr Fett brauchen sie, weil es die höchste Kaloriendichte hat: gut für kleine Mägen. Außerdem liefern die »guten« ungesättigten Fette wertvolle Bausteine für Zellwände und Hormone. Erst später kann Fett zur Falle werden.

>**Je flüssiger, desto gesünder!** Einfach und mehrfach ungesättigte Fettsäuren machen ein Fett flüssig, gesättigte machen es fest. Deshalb zum Kochen Raps- oder Sojaöl nehmen, für Salatsaucen kaltgepresstes Walnuss-, Raps- oder Olivenöl. Feste Fette halten Hitze aus: Kokosöl ist ideal zum Braten. Aufs Brot darf Butter oder Margarine.

KÖNNEN LEBENSMITTEL SCHÄDLICH SEIN?

Neue Studien aber auch Trends beeinflussen aktuelle Ernährungsempfehlungen und tragen häufig dazu bei, dass Eltern unsicher werden, wie sie ihr Baby und Kleinkind am besten ernähren. Denn gerade hier möchten wir alles richtig machen. Die gute Nachricht: Selten ist ein Lebensmittel an sich gefährlich. Es geht mehr darum, das richtige Maß zu finden und Einseitigkeit zu vermeiden. Weder Kokosfett noch Zucker oder weißes Mehl sind an sich giftig. Aber in größeren Mengen tun diese Lebensmittel uns und unseren Kindern nicht gut und können oft ganz leicht durch »gesündere« Alternativen ersetzt werden. Wenn neue Lebensmittel zu Grundnahrungsmitteln werden, lassen sich die gesundheitlichen Folgen erst Jahrzehnte später ermessen. Deshalb ist eine Mischkost, die reich an natürlichen, regionalen Lebensmitteln ist, am sichersten. Und die finden Sie in diesem Buch.

»LEERE« KOHLENHYDRATE

ZUCKER UND MEHL haben einen natürlichen pflanzlichen Ursprung. Durch starke Bearbeitung werden ihnen fast alle Nährstoffe entzogen – übrig bleiben die Kohlenhydrate, sprich die Kalorien. Das ist nicht direkt schädlich, hat aber Nachteile. Trotzdem: Omas Weihnachtsplätzchen und der Geburtstagskuchen sind okay. Es geht um den täglichen Umgang.

HAUSHALTSZUCKER wird aus Zuckerrüben oder -rohr gewonnen. Er sollte laut WHO höchstens fünf Prozent der täglichen Energie liefern. Das heißt für Kleinkinder höchstens fünf Zuckerstücke am Tag, für Schulkinder acht. Diese Tagesration ist schon durch den Genuss von nur einem Becher Fruchtjoghurt verbraucht! Gewöhnen Sie die Familie an weniger Süße: Datteln und Rosinen sind als Süßungsmittel wegen ihrer vielen Ballast- und Mineralstoffe wertvoll.

WEISSES MEHL hat die Type 405. Das ist ein Maß für die Mineralstoffe. Type 1050 hat also zweieinhalbmal so viel, Vollkornmehl das Vierfache! Machen Sie Mehl Type 1050 zu Ihrem Standard – das ist relativ hell, nicht körnig, braucht beim Backen etwas mehr Flüssigkeit und wird von Kindern akzeptiert. Vollkorn ist noch besser, vor allem in Kombination mit Kakao und Nüssen. Ob Sie Dinkel- oder Weizenmehl nehmen ist dagegen Nebensache.

STÄRKE Ganz egal ob aus Kartoffeln, Mais oder Reis: Stärke ist ebenso »leer« wie weißer Zucker. In kleinen Portionen zum Binden von Saucen oder Cremes kein Problem. Etwas vollwertiger gelingt das mit dem ballaststoffreichen Johannisbrotkernmehl.

SÜSSGETRÄNKE können dick machen: Das ist eindeutig erwiesen. Das gilt leider auch für Säfte. Deshalb Wasser trinken! Nach Geschmack mit frischen Kräutern oder Früchten aromatisieren. Oder dünne Kräuter-, Gewürz- oder Früchtetees aufbrühen. Wenn Getränke so gar nicht akzeptiert werden, mit einem Schuss Saft abschmecken.

VEGAN VON ANFANG AN?

Vegetarisch vollwertig essen, das klappt von Anfang an ohne Mangel, wenn man auf eine vielseitige Kost mit Vollkorn, Gemüse, Milchprodukten und Ei achtet. Erwachsene können sich auch vegan bestens versorgen, wenn sie sich vollwertig ernähren und Vitamin B 12 als Präparat nehmen. Aber die ganz Kleinen?

BABYS, die Muttermilch bekommen, leben natürlich nicht vegan und sind mit allem bestens versorgt, wenn sich die Mutter gut ernährt. Säuglingsmilchnahrung basiert meist auf Kuhmilch. Von Sojaprodukten für Babys wird abgeraten: Ihre hormonähnlichen Isoflavone könnten problematisch sein (Bundesamt für Risikobewertung, BfR). Deshalb vegane Säuglingsmilch nur unter ärztlicher Aufsicht geben.

KLEINKINDER können rein vegan versorgt werden, wenn sie eine Pflanzenmilch bekommen, die mind. 100 mg Kalzium pro 100 ml enthält, am besten abwechselnd auf Soja-, Nuss- und Mandelbasis. Getreidemilch ist ungezuckert zu kalorienarm und mit Zucker zu ungesund. Kalziumreiches Gemüse, Vollkorn und viel Nüsse und Saaten, am besten als Mus, sorgen für ausreichend Mineralstoffe und Fette. Auf ausreichend gute Öle achten.

SCHULKINDER kommen ganz gut vegan zurecht – es kann nur Probleme in der Schulverpflegung geben. Auch hier spielen Pflanzendrinks, Nüsse und Saaten, Sojaprodukte in Maßen, viel Vollkorn, Hülsenfrüchte und Gemüse eine wichtige Rolle. Schulkinder können einfach schon mehr gröbere Kost bewältigen: wer vegan gut leben will, muss kauen können!

WURST UND AUFSCHNITT

Die meisten Kinder lieben Wurst: Sie schmeckt würzig, ist glatt und ein perfektes Fingerfood. Aber leider enthält sie jede Menge ungesunde Fette – ein Wienerle besteht bis zu einem Drittel aus Speck. Außerdem können verarbeitete Fleischwaren das Risiko für Krebs erhöhen. Und das verwendete Pökelsalz kann bei scharfem Anbraten zu Nitrosaminen führen. Also rosa Wurstwaren nie scharf braten! »Puren« Aufschnitt wie Putenbrust, Kassler oder Schinken bevorzugen. Bei Schnittwurst magere Sorten wählen. In Maßen als Belag auf gutem Brot ist Wurst aber okay. Und die Veggie-Alternativen? Sie sind leider oft sehr salzig, enthalten aber in der Regel gesündere Fette. Vielleicht wechseln Sie ab? Entscheiden Sie sich für einen selbst gemachten Aufstrich aus diesem Buch (siehe S. 42): Dann wissen Sie, was drin ist.

SCHÄDLICHE SUBSTANZEN

> Nitrat ist in Gemüse enthalten. Überdüngung und Treibhaus erhöhen den Gehalt. Im Verdauungstrakt wird es zu krebserregenden Nitrosaminen. Gepökelte Fleischwaren haben hohe Werte. Essen Sie saisonales Freilandgemüse, erhitzen Sie Gepökeltes nicht zu stark und halten Sie Gerichte nicht länger warm.

> Die Belastung mit Pflanzenschutzmitteln ist innerhalb der letzten Jahre erheblich zurückgegangen. Sicherer sind Sie jedoch mit Bio-Gemüse.

> Aflatoxine sind leberschädigende Schimmelpilze, die Pistazien, Para-, Hasel- und Erdnüsse sowie Mandeln befallen. Ungeschälte Ware genau kontrollieren!

> Acrylamid entsteht beim starken, trockenen Erhitzen von kohlenhydratreichen Lebensmitteln wie Chips, Pommes, Keksen, Flakes oder Zwieback und ist eventuell krebserregend. Die Hersteller konnten die Werte reduzieren. Pommes und Gebäck nicht zu heiß frittieren oder backen!

WENN MEIN KIND ETWAS NICHT VERTRÄGT

Etwa 17 Prozent aller Kinder sind nach Auskunft ihrer Eltern von Allergien betroffen: Heuschnupfen, Asthma und Ekzeme machen Probleme. Hauterscheinungen nehmen mit zunehmendem Alter häufig ab, Heuschnupfen und Asthma leider zu. Meistens spielen Enzymdefekte oder Transportstörungen eine Rolle, die zur Folge haben, dass der Körper eine Substanz schlecht abbauen oder verwerten kann. Das macht sich am häufigsten durch Bauchschmerzen, Durchfälle, Blähungen und Übelkeit bemerkbar. Die Symptome sind nicht gefährlich, können aber ganz schön quälend sein. Auf keinen Fall sollten Sie verdächtige Lebensmittel einfach weglassen. Das kann auf die Dauer zu einem Nährstoffmangel führen, der weit schädlicher ist. Sicherheit über eine Nahrungsmittelunverträglichkeit bringt nur eine seriöse Diagnose beim Arzt, ergänzt durch eine Ernährungstherapie. Dazu gehört das Führen eines Esstagebuchs und eine meist dreistufige Ausschlussdiät.

ERSATZ FÜR GLUTEN UND CO.

Stärker als die Zahl der Unverträglichkeiten hat das Angebot von »Diät-Lebensmitteln« zugenommen. Die werden meist für gesund gehalten, sind aber laut DGE oft fetter und kalorienreicher, dabei nährstoffärmer. Schlimmer noch: Wenn Gesunde z. B. glutenfrei essen, leidet die Darmgesundheit. »Frei von« ist nur für Betroffene sinnvoll.

GLUTENFREI sind Hirse, Mais, Reis und Buchweizen, Amarant und Quinoa. Bei Hafer muss auf der Packung »glutenfrei« stehen. Auch Kastanienmehl, Stärke sowie Nussmehle können als glutenfreier Mehlersatz fungieren. Das klappt bei Pfannkuchen, Puffern, Saucen und Aufläufen. Backen ist schwierig: Dafür braucht man spezielle Rezepte. Hirse, Amarant und Quinoa sind am wertvollsten, Nussmehle oft sehr fett, Stärke nährstoffarm.

LAKTOSEFREI Milchprodukte sind einfach herzustellen, das Angebot ist groß: von Milch über Joghurt bis zu Käse. Schnitt- und Hartkäse sowie Joghurt sind durch die Milchsäuregärung von Natur aus laktosearm. Vollfette Produkte sind günstiger als magere. Vorsicht bei Produkten mit Molken- oder Milchpulverzusatz: Sie sind laktosereich.

FREI VON MILCHEIWEISS ist heute dank der zunehmenden Zahl von Veganern kein Problem mehr. Nachteile: Getreidegetränke sind oft sehr reich an Zucker – sowohl natürlichem als auch zugesetztem. Soja wiederum kann auf Dauer auch zu Allergien führen, ebenso wie Getränke auf Nussbasis. Pflanzendrinks sind energieärmer und enthalten kaum Kalzium. Bevorzugen Sie Produkte ohne Süße und Aromen und solche, die mit mind. 120 mg Kalzium pro 100 ml angereichert sind.

FRUCTOSEFREI muss in der Regel nicht sein. Es handelt sich ja nicht um eine Allergie, bei der schon kleine Mengen krank machen. Kleine Mengen Obst immer mit eiweiß- und fettreichen Zutaten kombinieren. Also Obstsalat mit Nüssen, Obst mit Quark oder Joghurt mit 10 % Fett.

WENN WEIZEN PROBLEME MACHT

Unter ein Prozent aller Kinder in Deutschland leiden unter Zöliakie. Eine Allergie gegen Weizeneiweiß ist noch seltener. Beide Erkrankungen sind gut zu diagnostizieren. Alle anderen Beschwerden, die nach dem Genuss von glutenhaltigem Getreide auftreten können, werden als Weizensensitivität bezeichnet. Ungefähr fünf Prozent der Menschen in Deutschland sind davon betroffen.

ZÖLIAKIE ist eine chronische Darmentzündung, die durch das Klebereiweiß Gluten in Getreide (Weizen, Dinkel, Gerste, Roggen, Hafer, »Urgetreide«) ausgelöst wird. Wird die Erkrankung nicht erkannt, kann die Darmschleimhaut so stark geschädigt werden, dass nicht mehr genug Nährstoffe aufgenommen werden können und Mangelerscheinungen drohen. Sobald eine streng glutenfreie Diät eingehalten wird, verschwinden sämtliche Symptome. Zöliakie wächst sich nicht aus.

WEIZENALLERGIE ist eine allergische Reaktion gegen Weizeneiweiß, die sich in Form von Asthma, Hautreaktionen und unter Umständen Verdauungsstörungen ähnlich wie bei Zöliakie äußert. Hier hilft ein Verzicht auf Weizenprodukte – Hafer, Roggen und Co. wird vertragen. Diese Allergie kann bis zum Schulalter verschwinden.

WEIZENSENSIVITÄT ist weder eine Autoimmun- noch eine allergische Erkrankung und nicht eindeutig zu diagnostizieren.

FRUCTOSE-UNVERTRÄGLICHKEIT

Wenn Ihr Kind nach dem Genuss von Obst, Smoothies, Säften, Honig oder anderen fruchtig-süßen Lebensmittel Blähungen, Bauchweh oder Durchfall bekommt oder ihm schlecht wird, kann eine Fructoseunverträglichkeit die Ursache sein. Das Transportsystem im Darm schafft es dann nicht, den Fruchtzucker in die Blutbahn zu transportieren. Dadurch wandert er in tiefere Darmabschnitte und wird von Darmbakterien zu Gasen und Säuren abgebaut, die die Beschwerden verursachen. Durch einen Atemtest kann die »Malabsorption« nachgewiesen werden. Es handelt sich nicht um eine Allergie, geringe Mengen Obst werden oft vertragen. Süßgetränke, Säfte, Smoothies, Müslis und –riegel mit Trockenobst, Kompott und Konfitüren vermeiden. Süße wie Fruchtzucker, Fructose-Glucose-Sirup, Honig, Apfelkraut, Apfeldicksaft, Birnendicksaft, Inulin, Sorbit, Mannit, Isomalt, Maltit, Laktit, Xylit (Birkenzucker) ebenfalls.

MILCH: DAS SPRICHT DAFÜR!

> Milchtrinker haben wegen des hohen Kalziumgehalts eine höhere und dichtere Knochenmasse. Da wir nur in den ersten 20 Lebensjahren Kalzium einlagern können, ist eine gute Versorgung wichtig.

> Milchfett stoppt bei Erwachsenen Entzündungsprozesse und senkt zudem das Risiko für Bluthochdruck, Diabetes und einigen Krebsarten.

> Eine Allergie gegen Kuhmilch-Eiweiß tritt bei etwa 0,5 bis 7 Prozent der Kinder auf, verliert sich aber in der Regel im Laufe der ersten Lebensjahre.

> Eine lebensbedrohliche Laktoseunverträglichkeit kommt bei Babys äußerst selten vor. Muttermilch enthält nämlich viel mehr Laktose (Milchzucker) als Kuhmilch. Es stimmt: Rund zehn Prozent der Erwachsenen in der westlichen Welt bilden zu wenig Laktase. Aber Kleinkinder brauchen noch keine laktosefreien Produkte, sie können sogar schaden.

DIE INNERE STIMME

Bestimmte Vorlieben sind uns angeboren und stammen aus der Frühgeschichte der menschlichen Entwicklung: Süßes ist ungiftig und gibt schnelle Energie, Sahnig-Fettes macht lange satt, Salzig-Würziges signalisiert eiweißreiche Kost. Doch in unserer künstlichen Lebensmittelwelt von heute versagen diese natürlichen Instinkte. Unser Kind wird von allen Seiten mit verlockenden Angeboten zugedröhnt – da kann es eine innere Stimme kaum entwickeln. Deshalb braucht es Regeln, die entlasten und durch den Lebensmitteldschungel führen. Wir können die Zutatenliste auf den Packungen lesen und für unsere Kinder deuten. Die Erkenntnisse der Ernährungswissenschaft praktisch im Familienalltag umzusetzen ist dagegen die größere Kunst. Geben Sie nicht auf: Es lohnt sich und macht langfristig Freude!

WAS IM KÖRPER PASSIERT

ESSPAUSEN sind sinnvoll. Wenn kurzfristig der Blutzuckerspiegel sinkt, ist das kein Problem – der Körper beginnt Reserven zu mobilisieren, vorübergehend meldet sich Hunger. Wer dann immer sofort isst, dessen Blutzucker steigt wieder an. Dann schüttet der Körper Insulin aus, das Zucker in die Zellen schleust und überschüssige Energie als Fett lagert. Bei ständigem Snacken kommt es zu einer ständigen Insulinbildung: Das kann langfristig dick machen.

GLYKÄMISCHER INDEX (GLYX) Speisen, die langsam verdaut werden und ihre Energie kontinuierlich auf dem Weg durch den Darm abgeben, lassen den Blutzuckerspiegel stetig steigen und ebenso allmählich wieder abfallen. Sie haben einen niedrigen Glyx durch einen hohen Gehalt an Ballaststoffen, Fett und Eiweiß. Zucker, Flüssigkeit und stark verarbeitete Fertigprodukte haben dagegen einen hohen Glyx, machen also nicht lange satt.

SÄTTIGUNGSFAKTOREN Die Verweildauer im Magen spielt eine wichtige Rolle für die Sättigung. Fett und Eiweiß halten länger vor als Kohlenhydrate. Schwer Verdauliches wie ein hart gekochtes Ei oder ein Stück Käse machen besonders lange satt. Die Magendehnung ist ein weiteres wichtiges Sättigungssignal. Doch Kinder bevorzugen instinktiv Essen mit einer hohen Kaloriendichte – und da wird der Magen kaum gedehnt. Ebenfalls nicht bei süßen Getränken. Diese Lebensmittel machen also nicht so satt wie ballaststoffreiche Gerichte. Das ist der große Pluspunkt von Gemüse!

DURST ist eine unzuverlässige Größe. Vielleicht, weil wir Flüssigkeit nicht speichern können. Ein trockener Mund ist das erste deutliche Zeichen – aber eigentlich ist es dann schon reichlich spät. Gerade Kinder vergessen oft zu trinken, wenn sie beschäftigt sind. Machen Sie die Wasserflasche bei jeder Mahlzeit zur Regel und ermöglichen Sie Ihrem Kind freien Zugang zu Trinkwasser.

WAS MACHE ICH, WENN…

… MEIN KIND KEIN GEMÜSE ISST? Die KiGGS-Studie zeigt, dass das öfter vorkommt. Gefahr ist eine zu knappe Versorgung mit Ballaststoffen, dem Wachstumsvitamin Folsäure und Beta-Karotin. Außerdem fehlen Bio-Aktivstoffe. Wenn sich die Ablehnung verfestigt, ist das Risiko für Übergewicht erhöht.

›

ROHES KNABBERGEMÜSE vor dem Essen mögen selbst Gemüsemuffel. Klein geschnitten, püriert und geraspelt lässt sich Gemüse unter Hackfleisch mogeln und in Saucen und Suppen verstecken. In Teig ausgebacken findet es oft Fans. Öfter Kartoffeln zubereiten und Gemüse- mit Obstsaft mixen.

… MEIN KIND KEINE MILCH MAG? Die Versorgung mit Kalzium und Vitamin D ist laut KiGGS knapp – weil Kinder weniger Milch und mehr Limo trinken. Kalzium aus pflanzlichen Lebensmitteln ist für den Körper schlechter verfügbar. Außerdem führt unser Lebensstil dazu, dass Kinder seltener an der frischen Luft sind und deshalb weniger Vitamin D bilden. Fehlende Bewegung lässt den Kalziumeinbau in die Knochen zurückgehen.

›

DIE URSACHE HERAUSFINDEN Bei **Lactoseunverträglichkeit** auf Joghurt und Hart- oder Schnittkäse ausweichen und das täglich: Parmesan auf den Tisch! Es gibt zudem gute laktosefreie Milchprodukte. **Bei Milcheiweißallergie** auf mit Kalzium angereicherte Sojaprodukte ausweichen. Manchmal werden Milchprodukte von Ziege oder Schaf vertragen. **Schmeckt nicht:** auf Kakao, Joghurts und alle Käse zurückgreifen. Oft mögen Kinder Milch kalt am liebsten. Ob Frisch-, H- oder ESL-Milch, 1,5 oder 3,5 % Fett, das ist vom Gesundheitswert her unerheblich.

… MEIN KIND NUR WURST OHNE BROT ISST? Zu viel Wurst, Würstchen, Schinken und Co. erhöhen auf Dauer das Risiko von Krebs und Arteriosklerose im Alter. Akut ist das kein Problem – es geht eher um falsche Gewohnheiten. Der oft hohe Fettgehalt kann zu Übergewicht beitragen.

›

GEPÖKELTES NUR 2-MAL PRO WOCHE Handeln Sie mit Ihrem Kind ein Verhältnis Brot zu Aufschnitt aus – ohne Brot keine Wurst! Dazu Vitamin-C-reiche Paprika oder Kirschtomaten essen, denn das bremst das Entstehen von Nitrit und Nitrosaminen. Wechseln Sie mit Veggie-Aufstrichen und Käse ab.

… MEIN KIND FISCH ABLEHNT? Fisch sorgt dafür, dass Ihr Kind genug Jod für Wachstum und Schilddrüse bekommt. Außerdem sind die enthaltenen Omega-3-Fettsäuren wichtig für die Gehirnentwicklung und den Blutfettspiegel.

›

FISCHSTÄBCHEN sind ein guter Einstieg. Das gilt auch für Thunfisch aus der Dose oder Räucherlachs. Auch wenn Fisch gegessen wird, ist Jodsalz wichtig und die Verwendung von Rapsöl.

… MEIN KIND INSGESAMT SEHR MONOTON ISST? Je enger die Auswahl wird, desto riskanter. Meist wächst sich das aus. Aber der Übergang zur Essstörung ist fließend. Ihr Kind braucht von allem etwas!

›

VORBILD Gemeinsam essen ist wichtig – alles wird probiert. Die Gesellschaft anderer Kinder bei Tisch hilft. Eine Ernährungsberatung mit psychologischer Kompetenz kann in schweren Fällen weiterhelfen.

… MEIN KIND ZUCKERSÜCHTIG IST? Zu viel Zucker verdrängt nährstoffreiche Lebensmittel vom Speisezettel, macht Karies und regt ständig die Insulinproduktion an – vor allem in Getränken. Das kann krank machen.

›

KEINE SÜSSEN VORRÄTE HORTEN Naschzeiten stark eingrenzen, z. B. einmal täglich nach dem Mittagessen. Ein- bis zweimal die Woche eine süße Hauptmahlzeit zubereiten. Obstteller anbieten. Schwächer süßen. Milde, süßliche Teemixe wählen. Wasser mit Obstschalen aromatisieren.

DAS BESTE FÜRS KIND

Ständig gibt es neue Alarmmeldungen, die scheinbar gesunde Lebensmittel ins Zwielicht rücken. Sicher ist: Je weiter die Analytik ist und je mehr Forschung betrieben wird, desto mehr Türen der Erkenntnis öffnen sich. Das Motto »Alles ist im Fluss« gilt speziell für die Ernährung. In umgekehrter Richtung übrigens auch für die immer wieder neu entdeckten Wunderwirkungen einzelner Lebensmittel, die oft aus fernen Ländern kommen. In der Regel können wir noch gar nicht abschätzen, wie sich ihr übermäßiger Konsum auf Dauer auf Körper und Wohlbefinden (und die natürlichen Ressourcen) auswirkt. Der gesunde Menschenverstand und eine ausgewogene Mischung sind deshalb wichtiger denn je. Bleiben Sie kritisch und glauben Sie nicht jedem Ernährungstrend, der Jugend und Gesundheit verspricht! Ein abwechslungsreicher Mix guter Lebensmittel und eine schonende Zubereitung schützen am besten vor möglichen Schäden, die aus einer einseitigen oder monotonen Ernährung resultieren können.

MIT STUMPF UND STIEL

Das Verdauungssystem kleiner Kinder ist noch zart. Doch es ist sinnvoll, Ihr Kind nach und nach an derbere Kost zu gewöhnen. Das tut den Zähnen und der Verdauung gut. Außerdem enthalten die bissfesten Teile von Obst und Gemüse viele besonders wertvolle Substanzen, allen voran Ballaststoffe. Aber übertreiben Sie es nicht: Ihr Kind wird auch mit einer Mischung aus verarbeiteten Lebensmitteln und Vollwertkost alles bekommen, was es braucht. Und anfangs hilft es, etwas länger zu garen und fein zu pürieren.

SCHALE Um sich gegen Umwelteinflüsse zu schützen, ist der Gehalt an Antioxidantien in der Schale von pflanzlichen Lebensmitteln sechsmal höher als im Inneren. Diese Stoffe schützen auch unsere Zellen. Ausnahme: Schalen, die beschädigt, verfärbt und solaninhaltig (Kartoffeln) sind, sollten Sie entfernen.

BLÄTTER In den Außenblättern von Salaten und Blattgemüsen konzentrieren sich Bio-Aktivstoffe. Das Grün von Kohlrabi, Brokkoli, Blumenkohl, Radieschen, Möhren und Co. enthält durch die Sonneneinstrahlung mehr Vitamin C und Folsäure als die unterirdischen Teile. Darum am besten immer mitverwerten. Sie sind herrlich aromatisch und verfeinern gehackt und kurz gedünstet jedes Gericht.

STRUNK Von Brokkoli und Blumenkohl lässt sich der Strunk ebenso klein schneiden und mitverwerten: hier längere Garzeiten beachten. Sie gehören genauso zum Kohl wie dessen Röschen, sind weniger aromatisch, aber ebenso nährstoffreich.

NICHTS FÜR DIE TONNE Sammeln Sie Schalen und Abschnitte in einer Box im Tiefkühlfach. Wenn sie voll ist, lässt sich daraus eine Gemüsebrühe kochen (siehe S. 98), die Sie für Saucen, Suppen und Getreidegerichte bestens brauchen können. Einfach in etwas Öl andünsten, am besten noch Liebstöckel, Lorbeer, Pfeffer, Zwiebel, etwas Tomatenmark und Salz zugeben, mit Wasser aufgießen und 30 Min. kochen.

SCHÄDLICHE STOFFE REDUZIEREN

SOLANIN kann zu Übelkeit führen und ist in grünen Teilen von Nachtschattengewächsen enthalten. Bei Tomaten deshalb die kleinen grünen Stielansätze herausschneiden. Bei Kartoffeln grüne Stellen und Keimansätze großzügig entfernen.

NITRAT Saisongemüse aus dem Freiland ist weniger belastet als Treibhausware. Blattrippen und Außenblätter sind nitratreich – enthalten aber auch viele Bio-Aktivstoffe. Durch Blanchieren wird Nitrat entfernt – aber auch gute Inhaltsstoffe ausgeschwemmt. Besser nitratarmes und -reiches Gemüse im Wechsel essen. Nitratarm sind Fruchtgemüse wie Paprika, Tomaten, Auberginen, Kürbis, Gurke, Hülsenfrüchte, Zwiebeln, Lauch, Rosenkohl und Kartoffeln. Nitratreich sind Salat, Rucola, Spinat, Mangold und Kohl sowie Rote Bete, Radieschen und Rettich.

ACRYLAMID Rösten Sie Lebensmittel nicht zu dunkel. Auch Kuchen und Gebäck nicht zu stark backen. Das gilt ebenfalls für Ofenpommes, Pizza und Toasts.

OXALSÄURE bindet Kalzium – das merkt man schon an den stumpfen Zähnen nach dem Genuss von Spinat, Mangold, Sauerampfer oder Rhabarber. Eine Extraportion Milch langsam danach getrunken glättet die Zähne und gleicht den Verlust wieder aus.

SUPERFOODS FÜR KINDER?

Eigentlich handelt es sich bei den meisten sogenannten »Superfoods« um ganz natürliche, oft traditionelle, meist pflanzliche Lebensmittel, die teilweise wiederentdeckt wurden. Sie haben oft einen außergewöhnlich hohen Anteil an gesundheitsfördernden Substanzen. Wild- und Gartenkräuter, Beeren, Sprossen oder Gewürze wie Ingwer und Meerrettich gehören dazu. Am wirkungsvollsten sind Superfoods allerdings frisch – und nicht getrocknet als Pille oder Pulver, wie sie oft angeboten werden. Kindern ist ihr Geschmack häufig zu intensiv, zu bitter oder zu sauer. Gut, dass meist schon kleine Mengen reichen, um eine wohltuende Wirkung zu entfalten. Als Zusatzstoff in Fertigprodukten und in süßen Riegeln oder Smoothies ist ihr gesundheitlicher Mehrwert dagegen als eher gering einzuschätzen. In dieser Verwendung sind sie alles andere als »super«.

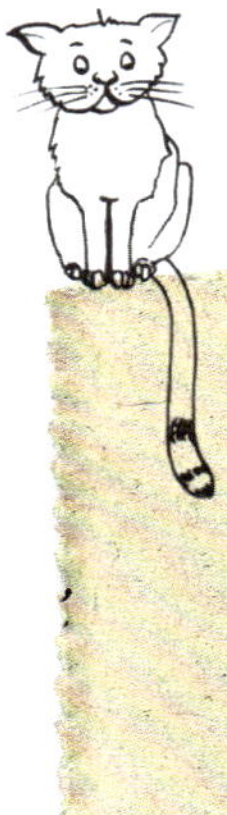

BIO FÜR DIE FAMILIE

> Seit 2001 werden Lebensmittel ökologischer Herkunft mit einem Siegel gekennzeichnet. Neben dem deutschen und dem EU-Bio-Siegel gibt es drei große, unabhängige Bio-Verbände in Deutschland: Bioland, demeter und Naturland. Diese Verbände haben zusätzlich eigene, zum Teil viel strengere Regeln.

> Untersuchungen des Max Rubner Instituts zeigen, dass Bio-Ware weniger Rückstände enthält als konventionell erzeugte Produkte. Der Gehalt an wertvollen Substanzen hängt dagegen von Sorte und Lage ab. Bio-Fleisch ist im Gegensatz zu konventioneller Ware antibiotikafrei. Das Bundesamt für Verbraucherschutz und Lebensmittelsicherheit (BVL) untersucht regelmäßig einzelne Lebensmittelgruppen und veröffentlicht die Ergebnisse.

> Bio-Lebensmittel sind nicht unbedingt gesünder. Aber sie sind tierfreundlicher, umwelt-, ressourcen- und klimaschonender. Sie sind eine Investition in die Zukunft.

GESUND DURCH DIE WOCHE

Nehmen Sie sich am Wochenende die Zeit, einen Speiseplan für die kommende Woche oder vielleicht sogar schon für die nächsten zwei Wochen zu erstellen. Die Tabelle auf der nächsten Seite hilft Ihnen dabei. Der Aufwand lohnt sich: Zu wissen, was es wann zum Essen gibt, und gezielt einkaufen zu können, nimmt Druck aus dem Alltag, spart Zeit und hilft, einen gesunden Mix zu finden. Lassen Sie Ihre Kinder bei der Frage, was es geben soll, ruhig mitreden. So können Sie die individuellen Vorlieben berücksichtigen und die Kleinen lernen gleichzeitig, dass man manchmal Kompromisse schließen muss: heute mein Lieblingsgericht, morgen deines. Dann essen alle gerne mit und fühlen sich verantwortlich fürs gemeinsame Essen. Das bedeutet auch, dass alle mithelfen. Schälen und rühren, Tisch decken, abräumen und die Spülmaschine einschalten – das können auch schon kleine Kinder (mehr dazu auf S. 35). Ein weiterer Vorteil des wöchentlichen Speiseplans: Sie können einiges vorbereiten oder sogar auf Vorrat kochen, perfekt für besonders volle Tage.

SO BLEIBT'S SCHÖN FRISCH

Nach dem Vorkochen kühlen, einfrieren oder nur dunkel lagern? Oder lieber roh und frisch verarbeiten? Hier kommen die Basics.

GETREIDE UND KARTOFFELN vorzukochen spart Zeit. Am nächsten Tag werden Bratkartoffeln, Puffer oder Gratin daraus. Sie halten sich im Kühlschrank eine Woche frisch. Je kleinteiliger (z. B. Couscous, Quinoa, Polenta), desto schneller verbrauchen – die größere Oberfläche bietet Platz für Keime.

GEMÜSE UND SALAT am besten in der Bio-fresh-Schublade im Kühlschrank aufbewahren, Grün zuvor von Wurzeln trennen. Aubergine, grüne Bohnen, Kartoffeln, Gurke, Ingwer, Knoblauch, Zwiebel, Paprika, Tomate, Kürbis und Zucchini zum Schutz ihres Aromas bei Raumtemperatur lagern. Gemüse – auch Spinat und Pilze – können aufgewärmt werden, wenn sie nach dem Kochen fix gekühlt und zügig wieder erhitzt werden. Besser, wenn sie nur knackig vorgegart sind.

OBST wie z. B. Aprikosen, Beeren, Feigen, Kirschen, Trauben hält sich im Kühlschrank am besten. Avocado, Birne, Kiwi, Nektarine, Pfirsich, Zwetschgen, Pflaumen reifen bei Raumtemperatur noch nach. Ananas, Apfel, Banane, Zitrusfrüchte und Melonen lieber bei Raumtemperatur lagern.

KRÄUTER UND FRÜHLINGSZWIEBELN nie in Wasser stellen! Am besten im Ganzen oder gehackt bzw. in Röllchen in einer verschlossenen Box im Kühlschrank aufbewahren.

FISCH, FLEISCH UND EIER werden im untersten Kühlschrankfach (2°–6°) aufbewahrt. Fisch und Geflügel bleiben 1–2 Tage frisch, Rind 3–4 Tage, Kalb- und Schwein 2–3 Tage. Hackfleisch ist sehr empfindlich, schnell verbrauchen! Eier bis zu Tag 18 (nach dem Legen) bei Raumtemperatur lagern, erst dann kühlen. Alles – auch Fisch – kann nach der Zubereitung bis zu 3 Tagen im Kühlschrank aufbewahrt und erhitzt werden.

GESUND DURCH DIE WOCHE: BASICS FÜR DEN SPEISEPLAN

Diese Tabelle hilft Ihnen, einen Wochen-Speiseplan aufzustellen, und dient zur Orientierung für eine langfristig vollwertige Ernährung.

LEBENSMITTEL-GRUPPE	ZU BEACHTEN	HÄUFIGKEIT	WÖCHENTLICHE VERTEILUNG	GESAMTMENGE PRO TAG
Getreide, -produkte, Kartoffeln	Vollkorn bevorzugen, bei Getreide auch parboiled	täglich	mind. 2-mal Vollkorn und 2-mal Kartoffeln	4–5 Portionen
Gemüse & Salat (inkl. Hülsenfrüchte)	Frisch oder tiefgekühlt	täglich	mind. 3-mal als Rohkost/Salat	3 Portionen
Obst	Frisch oder tiefgekühlt, ohne Zuckerzusatz	täglich	mind. 1-mal roh (Nachtisch)	max. 2 Portionen
Milch, -produkte	Milch und Joghurt: max. 3,5 % Fett Käse: max. 50 % Fett i. Tr. Quark: max. 20 % Fett i. Tr.	täglich	mind. 1-mal (auch Reibekäse oder Nachtisch)	3 Portionen
Fleisch, Wurst, Fisch, Ei	Wurst: max. 20 % Fett Seefisch bevorzugen 1 Portion lässt sich durch Hülsenfrüchte, Nüsse und Saaten ersetzen	2- bis 3-mal wöchentlich	mind. 1-mal Muskelfleisch mind. 1-mal Fisch	1 Portion
Fett	Rapsöl als Standard, dazu Oliven-, Walnuss- und Sojaöl, ab und zu Butter	täglich	Zum Kochen Öl benutzen, zum Abschmecken Butter	
Salz	Jodsalz verwenden	täglich	möglichst wenig salzen	
Getränke	Wasser oder ungesüßte Tees	täglich	mind. 0,8–1 l pro Woche	max. 1-mal Schorle im Verhältnis 1:3

SNACKEN OHNE PAUSE?

> Kinder brauchen zusätzlich zu den drei Hauptmahlzeiten vor- und nachmittags eine Zwischenmahlzeit. Durch ihr Wachstum haben sie einen hohen Nährstoffbedarf: Das bewältigt der kleine Magen nur in mehreren Portionen.

> Immer mehr Studien zeigen, dass ständiges Essen Darmmikrobiota und Stoffwechsel nachteilig verändert und Übergewicht begünstigt. Esspausen sind wichtig.

> Wenn ein Kind bei jeder Unruhe etwas zum Knabbern oder Zutzeln bekommt, verlernt es, Körpersignale wie Hunger und Sättigung zu erkennen. Für seinen Blutzuckerspiegel und die Zähne bedeutet das: ständiger Reiz. Vor allem, wenn es um fruchtige, klebrige, süße Snacks geht. Und es lernt, Kummer und Frust mit Essen zu besänftigen.

> Ähnlich in der Wirkung sind Säfte und andere Süßgetränke: Sie lassen den Blutzucker blitzschnell steigen und machen schnell wieder hungrig.

KOCHEN LEICHT GEMACHT

»Learning by doing« gilt ganz besonders fürs Kochen. Fangen Sie einfach an. Die Rezepte in diesem Buch habe ich so entwickelt, dass sie auch für Ungeübte leicht umzusetzen sind. Sie brauchen weder komplizierte Zutaten noch spezielle Geräte, höchstens anfangs etwas mehr Zeit als angegeben. Der Einsatz lohnt sich: Sie wissen, was auf dem Teller landet, können Ihrer Familie Zusatz- und Aromastoffe ersparen und gleichzeitig Ihre Macht als Verbraucher ausüben, indem Sie Lebensmittel aus Bio-Haltung verwenden. Und Sie schaffen für Ihre Familie einen Ort der Kommunikation.

SCHNELLE PANNEN-HILFE

Nicht immer gelingt alles auf Anhieb. Aber mit ein paar Tricks sind die meisten Unfälle zu reparieren.

VERSALZEN Einige rohe Kartoffelscheiben mitkochen lassen, mit Milch oder Wasser verdünnen, Zitronen- oder Orangensaft zugeben, mit Honig abmildern.

ZU SÜSS Säure zugeben: Zitronen- oder Orangensaft.

ZU SCHWACH GEWÜRZT Mit Sojasauce nachwürzen. Oder Salz und gewünschte Gewürze in 4 EL heißem Wasser lösen und unter das fertige Essen ziehen.

FARBLOS Gelb wird es mit Kurkumapulver, orange mit Paprikapulver edelsüss, rot mit Tomatenmark oder Rote-Bete-Saft, grün mit Matchapulver, lila mit Heidelbeeren.

ANGEBRANNT Sofort umfüllen. Je nach Gericht mit Tomatenmark, Aprikosenkonfitüre, Pesto, Balsamico, Currypaste, Möhrensaft oder Sauerrahm abmildern. Evtl. Zwiebelwürfel anbraten und zugeben: ihr Duft dominiert.

MATSCHIG Egal, ob Nudeln oder Körner: portionsweise abtropfen lassen, auf dem mit Backpapier belegten Blech mit etwas Öl mischen und bei Umluft 160 Grad max. 15 Min. trocknen – ab und zu wenden.

VERKOCHT Wenn Gemüse oder Kartoffeln zu weich sind: Kartoffeln mit etwas (Butter-)milch stampfen. Gemüse pürieren – entweder mit Kartoffeln oder Getreideflocken zum Püree andicken oder mit Schmand zur Sauce verdünnen. Für Suppe Brühe zugeben.

GERONNEN Das passiert, wenn Eiweiß auf Säure oder Hitze trifft. Deshalb langsam und portionsweise mischen. Geht's schief, am besten Eiswürfel oder eiskalte Butter mit dem Pürierstab unterschlagen.

PORTIONSGRÖSSEN: KLEINE MENGENLEHRE

Mal wieder zu viel Pasta gekocht? Wer kennt das nicht! Mit dieser Liste können Sie Portionsgrößen besser abschätzen. So bekommen Sie ein Gefühl für die richtigen Mengen und sind auch gerüstet, wenn Ihre Kinder Freunde mitbringen, Sie für die Krabbelgruppe kochen oder ein Beitrag zum Schulfest angesagt ist.

GERICHT	PORTIONSGRÖSSE KINDERGARTENKIND	PORTIONSGRÖSSE SCHULKIND	PORTIONSGRÖSSE ERWACHSENER
Salat zum Sattessen	150 g	200 g	300 g
rohes Gemüse	50 g	80 g	120 g
Gemüse als Beilage	100 g	150 g	200 g
Gemüse als Hauptgericht	200 g	250 g	350 g
Kartoffeln als Beilage	100 g	150 g	200 g
Kartoffeln als Hauptgericht	200 g	250 g	350 g
Reis und Nudeln (roh gewogen) als Beilage	40 g	60 g	80 g
Reis und Nudeln (roh gewogen) als Hauptgericht	50 g	80 g	100 g
Fleisch/Fisch am Stück	80 g	100 g	200 g
Fleisch/Fisch im Ragout	30 g	50 g	80 g
Hülsenfrüchte (roh gewogen) als Beilage	25 g	40 g	60 g
Gemüse roh	50 g	80 g	120 g
Hülsenfrüchte (roh gewogen) als Hauptgericht	35 g	50 g	80 g
Milch und Milchfrischprodukte	80 ml	150 ml	200 ml
Brot und Brötchen als Beilage	45 g	100 g	150 g
Brot und Brötchen zum Sattessen	70 g	150 g	300 g
Brotbelag (Käse, Fleisch, veggie) zum Sattessen	25 g	50 g	80 g
Obst	70 g	100 g	150 g

WAS TUN MIT RESTEN?

> Warm halten ist tabu: Der Gehalt an wertvollen Inhaltsstoffen sinkt und gesundheitsschädliche Keime können sich schnell vermehren – ganz abgesehen vom Geschmacksverlust. Deshalb Reste schnell in den Kühlschrank stellen, sobald sie Raumtemperatur haben.

> Beim Aufwärmen zügig bis zum Kochpunkt erhitzen und auftischen. Schonend klappt das in der Mikrowelle. Auch mit Fisch, Pilzen und Spinat.

> Resteverwertung ist eine Herausforderung! Puffer: Reis, Couscous, Bulgur, Kartoffeln mit Getreideflocken und nach Wunsch mit Ei, Reibekäse und höchstens zur Hälfte mit gegartem Gemüse mischen und in der Pfanne ausbacken. Mit Salat reichen. Auflauf: alle Reste in einer flache Form mit einem Guss aus 3-4 Eiern, etwas Milch und Reibekäse überbacken. Suppe: Einfach alles fein pürieren, mit Gemüsesaft und etwas Sahne verlängern. Mit gerösteten Brotwürfeln, Nuss- und Kernemix oder Fetawürfeln servieren.

Milch
Konfitüre

Frühstück & BROTZEIT

ZEIT FÜRS FRÜHSTÜCK

Schon Kindergartenkinder haben ein straffes Programm. Trotzdem sollten Sie Zeit fürs Frühstück einplanen. Es legt die gesunde Grundlage für den Tag. Wenn Sie am Vorabend die Kleidung herauslegen und den Tisch decken, ist morgens alles griffbereit, das schafft Luft. Schneiden Sie das Wunschbrot in Streifen oder einen Apfel in Spalten. Alternativ können Sie am Vorabend ein Müsli vorbereiten und nach Belieben einweichen. Oder morgens einen schnellen Frühstücksbrei kochen. Das Getränk nicht vergessen! Und selbst auch richtig essen. Sie wissen ja: Ihr Vorbild zählt.

WAS IHR KIND JETZT ALLES KANN

Mit zwei bis drei Jahren wird Ihr Kind selbstständiger. Es beginnt, sich aus der engen Mutterbindung zu lösen und Interesse am Spiel mit Gleichaltrigen zu entwickeln. Nach und nach wird es gruppenfähig und ist damit groß genug, in den Kindergarten zu gehen. Es wird immer geschickter und kann jetzt selbst essen und trinken – anfangs noch mit etwas Unterstützung.

ES IST NEUGIERIG und möchte am liebsten alles Essbare in den Mund stecken und probieren – zunächst jedenfalls. Im Lauf der Kindergartenzeit kann sich das dramatisch ändern und ein kleiner Feinschmecker zu einem Kostverächter werden, der alles Neue kategorisch ablehnt. Betrachten Sie es als Phase, aber geben Sie einseitigem Essverhalten nicht nach: Beachten Sie es nicht, lenken Sie ab und schränken Sie den Speisezettel nicht weiter ein, bis sich die Phase wieder legt.

TRINKEN STATT SAUGEN Schnuller und Flasche sind eigentlich nicht mehr nötig, aber manche Kinder geben beides ungern auf. Die Flasche sollten Sie in jedem Fall ausrangieren, weil sie den Zähnen schadet. Eine Lerntasse erleichtert den Übergang zum Becher.

LÖFFELN LERNEN Fingerfood steht bei Kleinkindern hoch im Kurs. Und selbstverständlich darf Ihr Kind Brotstückchen und Obstspalten mit den Fingern essen. Aber bei warmen Mahlzeiten klappt das nicht. Anfangs ist ein Löffel gefragt. Mit drei Jahren kann Ihr Kind lernen, mit dem Kinderbesteck umzugehen. Das trainiert seine Feinmotorik. Und Übung macht den Meister.

IHR KIND ENTDECKT SEIN ICH und damit den eigenen Willen. Das führt zu den berüchtigten Wutanfällen des Trotzalters. Nehmen Sie es gelassen als wichtigen Entwicklungsschritt, aber lassen Sie sich nicht erpressen! Mit einer klaren, liebevollen Haltung unterstützen Sie seine Entwicklung am besten.

FRÜH ÜBT SICH, WER EIN KÜCHENHELFER WERDEN WILL!

Kleine Kinder lieben es zu helfen. Auch wenn das zunächst Zeit kostet, wird die Mühe mit einem fröhlichen Familienklima belohnt. Beim Hantieren in der Küche lässt sich wunderbar reden und lachen. Schürze und Topflappen in Kindergröße sollten bereitliegen – und ein standfester Hocker.

MIT DEN HÄNDEN Teig kneten und formen ist eine wunderbare Anregung. Es stärkt die Handmuskulatur und regt die plastische Kreativität an.

DEN LÖFFEL selbstständig führen kann Ihr Kind schon mit drei Jahren. Es rührt und mischt mit großer Begeisterung. Achten Sie auf den sicheren Stand der Rührschüssel – am besten ein feuchtes Schwammtuch unterlegen. Ein elektrisches Küchengerät sollte Ihr Kind noch nicht alleine bedienen.

SCHNEIDEN ist spannend und das Messer übt eine große Anziehungskraft aus. Führen Sie zu Beginn die Hand Ihres Kindes. Wählen Sie weiche Lebensmittel wie Banane oder Käse. Auf keinen Fall stumpfe Messer nehmen: Sie rutschen ab und sind gefährlich. Lieber ein spezielles Kindermesser kennzeichnen und für den kleinen Küchenhelfer reservieren!

PLANSCHEN MACHT SPASS Kinder lieben es, Obst, Salat und Gemüse zu waschen oder Getränke einzuschenken. Sorgen Sie für die richtige Standhöhe, aufgekrempelte Ärmel und haben Sie ein Auge darauf. Mehr als eine Überschwemmung kann nicht passieren!

TISCH DECKEN wird richtig kreativ, wenn Ihr Kind dabei den Tisch mit Muscheln, Blüten, Nüssen oder anderem Sammelgut schmücken darf.

ALLGEGENWÄRTIG: QUETSCHIES

Auch die Ernährungserziehung ist Moden unterworfen. Beim »Baby led weaning« sollen schon die Kleinsten selbst essen und nicht mit dem Löffel gefüttert werden. Die Flasche für Breinahrung ist out und gilt als rückständig und Dickmacher. Weil aber selber essen bei kleinen Kindern meist mit viel Gemansche verbunden ist, gibt es jetzt die Quetschies, entweder fertig gefüllt mit Obstmus oder zum Selberfüllen. Das Kind zutzelt daraus selbstständig seine Mahlzeit und alles bleibt schön sauber. Aber: Die fruchtigen Quetschies sind ein schlechter Ersatz für frisches, rohes Obst – gekocht enthält es viel weniger Ballaststoffe und Vitamine. Zudem verführen sie zu dauerhaftem Snacken. Die Kinder sehen nicht mehr, was sie essen – und sie riechen es nicht. Wie sollen sie da die unterschiedlichen Lebensmittel kennenlernen? Für die Entwicklung eines gesunden Essverhaltens sind Quetschies keine Hilfe.

SEHEN, RIECHEN, SCHMECKEN LERNEN

> Lassen Sie Ihr Kind mit zugebundenen Augen an einer Zimtstange, einer Mandarine, einer Erdbeere, einem Stück Brot, einem Blatt Basilikum oder einer Zwiebel riechen und raten.
> Stecken Sie Apfel, Kartoffel, Möhre, Banane, Walnuss oder Kiwi in einen blickdichten Stoffbeutel und lassen Sie Ihr Kind raten, was es zu fassen bekommt.
> Tischen Sie die Kohlrabi- (siehe S. 69) oder andere Gemüsenudeln (siehe S. 100) auf und fragen beim Essen, was sich dahinter verbirgt. Die Auflösung gibt es erst danach!
> Hülsenfrüchte, Nüsse oder Reis in eine Blechdose stecken, schütteln und raten, was drin ist. Macht auch Spaß, wenn Freunde zu Besuch kommen.
> Die Sinne zu trainieren, ist der erste Schritt zu einer bewussten Ernährung. Experimentieren Sie beim Kochen mit Spiralschneider und Hobel, um Gemüse spannend zu machen. Und reden Sie übers Essen: So wecken Sie das Interesse und Ihr Kind kommt auf den Geschmack.

GETRÄNKE
für Schlafmützen und Siebenschläfer

SCHOBA-SHAKE

FÜR 1 GLAS

½ reife Banane schälen und zerkleinern, mit 150 ml kalter Milch und ½ TL Kakaopulver im Mixer oder mit dem Pürierstab fein pürieren. Den Shake in ein großes Glas füllen und servieren.

Zubereitungszeit: 10 Min.
Pro Portion ca. 160 kcal, 7 g E, 7 g F, 18 g KH

TIPP

Energie-, aber auch eiweißreicher wird es, wenn Sie 2 EL Pinienkerne oder Mandeln mitpürieren.

HEISSE ZITRONE

FÜR 2 TASSEN

½ Bio-Zitrone auspressen, die Schale spiralig abschälen. 1 Handvoll Zitronenmelisse waschen. Alles mit ca. 400 ml kochendem Wasser aufgießen.

Zubereitungszeit: 10 Min.
Pro Portion ca. 10 kcal, 0 g E, 0 g F, 1 g KH

VARIANTE

Schärfer wird es mit geschältem Ingwer. Wer es süßer mag, gibt 1 TL Honig dazu.

HEISSER HÄSCHENDRINK

FÜR 1 GLAS

1 Soft-Dattel entkernen, mit 5 Mandeln hacken. Mit 1 vorgegarten jungen Möhre (alternativ Möhrenpüree aus dem Glas), 175 ml Milch und ½ TL neutralen Hefeflocken pürieren. Schmeckt auch warm.

Zubereitungszeit: 15 Min.
Pro Portion ca. 195 kcal, 9 g E, 9 g F, 18 g KH

INFO

Betakarotin aus gegarten Möhren ist für den Körper besser verfügbar als aus rohen. Hefeflocken aus dem Reformhaus liefern B-Vitamine.

MORGENROT

FÜR 2 TASSEN

400 ml Wasser aufkochen. Die Schale ½ Orange abreiben, den Saft auspressen, beides in eine Kanne füllen. 2 TL getrocknete Verbene in einen leeren Teebeutel stecken und in die Kanne einhängen. Mit kochendem Wasser aufgießen.

Zubereitungszeit: 10 Min.
Pro Portion ca. 15 kcal, 0 g E, 0 g F, 3 g KH

TIPP

Wer frische Verbene hat, gibt eine gute Handvoll Blätter in den Tee.

Tees wirken beruhigend oder anregend, Milchmixe machen satt – je nachdem, was Ihr Kind braucht. Zum Durstlöschen ist Leitungswasser immer noch am besten geeignet.

KNUSPER-FLOCKEN-Becher

FÜR 1 KIND

20 g Haferflocken | 100 g Magerquark | 50 ml Milch | gemahlene Vanille | 1 kleine Orange | ½ Banane

Zubereitungszeit: 20 Min.

Pro Portion ca. 255 kcal, 19 g E, 4 g F, 33 g KH

1 Die Haferflocken in einer beschichteten Pfanne ohne Fett goldgelb anrösten.

2 Den Quark mit Milch und Vanille glatt rühren.

3 Die Orange großzügig schälen, dabei das Weiße vollständig mitentfernen. Das Fruchtfleisch in Scheiben schneiden und vierteln, den Saft auffangen.

4 Die Banane schälen, grob zerkleinern und mit dem Orangensaft pürieren. Das Bananenmus mit dem Quark und den Haferflocken mischen.

5 Das Müsli in ein Schälchen füllen und die Orangenstückchen darauf verteilen.

HÄSCHEN-MÜSLI

FÜR 1 KIND

2 EL Haferflocken | 100 ml Milch | 1 kleine Möhre | 4 Walnusskerne | 1 TL Rosinen | 1 TL Apfeldicksaft

Zubereitungszeit: 10 Min.

Pro Portion ca. 290 kcal, 8 g E, 14 g F, 32 g KH

1 Die Haferflocken in der Milch einweichen.

2 Die Möhre waschen, schälen und in grobe Stücke schneiden. Zusammen mit den Nüssen und den Rosinen im Blitzhacker zerkleinern. In eine kleine Schüssel umfüllen.

3 Alle Zutaten mischen und mit dem Apfeldicksaft süßen.

TIPP

Schneller geht es mit 4 EL Pop-Amarant oder -Quinoa statt Flocken.

Schoko-FRÜHSTÜCKSBREI

FÜR 1 KIND

30 g Dinkelgrieß | 100 ml Milch | ½ TL Kakaopulver | ½ reife Birne (ca. 50 g) | 1 TL gemahlene Haselnüsse | 1 Prise Zimtpulver

Zubereitungszeit: 10 Min.

Pro Portion ca. 240 kcal, 9 g E, 6 g F, 37 g KH

1 50 ml Wasser zum Kochen bringen, den Dinkelgrieß einrühren, Milch und Kakaopulver dazugeben und 1 Min. kochen lassen.

2 Die Birne waschen, trocken reiben, vierteln und vom Kerngehäuse befreien. Birnenspalten mitsamt Schale fein pürieren, mit Haselnüssen und Zimtpulver unter den Grießbrei ziehen.

VARIANTE

Schmeckt auch mit Haferflocken statt Dinkel und mit 25 g Datteln statt Birne. Wer's schokoladig liebt, kann 1 TL Resteschokolade dazugeben und schmelzen lassen.

Milder MÜSLIMIX

FÜR 10 PORTIONEN

100 g Soft-Datteln | 100 g Reisflocken | 100 g Haferflocken | 50 g gemahlene Mandeln | 100 g Rosinen | 50 g Pinienkerne

Zubereitungszeit: 10 Min.

Pro Portion ca. 285 kcal, 9 g E, 12 g F, 35 g KH

1 Die Datteln fein hacken, mit den Reis- und den Haferflocken, den Mandeln und den Rosinen mischen.

2 Die Pinienkerne in einer beschichteten Pfanne rösten, bis sie duften.

3 Alle Zutaten gründlich miteinander mischen und zum Aufbewahren in eine Vorratsbox füllen. Für ein Müsli 2–3 EL mit 100–150 ml Milch, Joghurt oder Pflanzendrink vermischen und kurz ziehen lassen.

VARIANTE

Noch leichter verdaulich wird das Müsli, wenn Sie eine Portion am Vorabend mit ca. 75 ml Wasser einweichen. Am nächsten Tag mit 100 g Joghurt oder 3 EL Sahne und nach Belieben etwas Wasser mischen. Wer mag, gibt frisches Lieblingsobst dazu. Besonders leicht verdaulich ist zum Beispiel Melone!

SCHOKOSCHNECKEN

FÜR CA. 16 STÜCK

125 g Rosinen | 50 ml Traubensaft | 200 g Quark | 6 EL Öl | 2 EL Agavendicksaft | 250 g Vollkornmehl | Salz | 1 EL Kakaopulver | 125 g gemahlene Haselnüsse | 40 g Kakao-Nibs | 50 ml Milch zum Einpinseln

Zubereitungszeit: 20 Min. | Backzeit: 15 Min.
Pro Stück ca. 190 kcal, 5 g E, 11 g F, 19 g KH

1 Die Rosinen in ein Sieb füllen und heiß abbrausen. Den Traubensaft erhitzen und die Rosinen darin einweichen. Den Backofen auf 200° vorheizen. Ein Backblech mit Backpapier auslegen.

2 Inzwischen Quark, Öl und Agavendicksaft verrühren. Vollkornmehl, eine Prise Salz und Kakaopulver mischen, mit dem Quarkmix zu einem Teig verkneten.

3 Den Teig auf ca. 50 × 15 cm dünn ausrollen. Die Rosinen pürieren und mit den Nüssen vermischen, auf dem Teig verstreichen, dabei an einer Längsseite einen 2–3 cm breiten Rand frei lassen, weil sich die Füllung beim Rollen nach außen drückt.

4 Den Teig mit Kakao-Nibs bestreuen und von der anderen Längsseite aufrollen. Die Teigrolle in 16 Scheiben schneiden. Jede Scheibe leicht zu einer Schnecke zusammendrücken und auf das Backblech legen. Mit Milch einpinseln.

5 Im Ofen (Mitte, Umluft 180°) in ca. 15 Min. goldbraun backen.

TIPP

Schmeckt auch mit Datteln statt Rosinen. Statt Kakao-Nibs eignen sich auch grob gehackte Schokoladenreste. Mit einer geschnittenen Birne, Aprikose oder Beeren wird die Lunchbox nicht nur bunter, sondern auch gesünder.

INFO

Quark-Öl-Teig ist eine schnelle Alternative zu Hefeteig, weil er nicht mehr gehen muss. Gesund ist er durch gutes Fett, also Öl, und Quark. Am besten schmeckt er frisch gebacken. Vorräte am besten tiefkühlen und bei Bedarf auftauen.

RÜBLI-MUFFINS

FÜR 1 MUFFINFORM (12 STÜCK)

200 g Möhren | 1 kleiner Apfel | 1 EL Zitronensaft | 2 Eier | 80 g Zucker | 125 ml Rapsöl | 125 ml Buttermilch | 400 g Mehl (Type 1050) | 3 TL Backpulver

Zubereitungszeit: 30 Min. | Backzeit: 25 Min.

Pro Stück ca. 260 kcal, 6 g E, 12 g F, 31 g KH

1 Die Möhren und den Apfel waschen, schälen und fein raspeln. 1 EL Zitronensaft darüberträufeln.

2 Den Backofen auf 180° vorheizen. Die Eier mit dem Zucker schaumig rühren. Das Öl und die Buttermilch dazugeben und weiterrühren.

3 Mehl und Backpulver mischen und rasch unter die Eimasse ziehen. Zum Schluss die Möhren- und Apfelraspel unterheben.

4 Die Muffinform einfetten und mit dem Teig füllen. Im heißen Ofen (Mitte) ca. 20–25 Min. backen.

TIPP

Wenn Sie 300 g Vollkornmehl, 100 g geriebene Haselnüsse und ca. 50 ml mehr Buttermilch verwenden, werden die Muffins extragesund.

Süße KNABBERBRÖTCHEN

FÜR 65 BRÖTCHEN

200 ml Milch | 80 g Butter | 8 Datteln | 1 Msp. Zimtpulver | 500 g Mehl (Type 1050) | 1 Päckchen Trockenhefe | ½ TL Salz | 2 Eier | Sesamsamen, Mohnsamen oder Kokosraspel zum Bestreuen (nach Belieben)

Zubereitungszeit: 30 Min. | Ruhezeit: 30 Min. | Backzeit: 12 Min.

Pro Stück ca. 40 kcal, 1 g E, 1 g F, 6 g KH

1 Die Milch erwärmen. Die Butter mit Datteln und Zimtpulver pürieren und zur Milch geben. Das Mehl mit Hefe und Salz mischen und mit dem Milchmix und 1 Ei zu einem elastischen Teig verkneten. Wenn nötig, noch etwas Wasser dazugeben. Den Hefeteig an einem warmen Ort gehen lassen, bis er sein Volumen verdoppelt hat.

2 Teig durchkneten, zu Rollen formen, in ca. 65 Portionen teilen. Brötchen formen und mit etwas Abstand auf zwei bis drei Backbleche verteilen. Backofen auf 220° vorheizen.

3 Das übrige Ei mit etwas Wasser verquirlen, die Brötchen damit bestreichen und in der Mitte einritzen. Nach Belieben mit Sesam, Mohn oder Kokosraspeln bestreuen. Brötchen im heißen Ofen (Mitte) ca. 12 Min. backen.

Blitz-ZWETSCHGENMUS

FÜR 1 GLAS (350 ML)

350 g getrocknete Pflaumen | ½ TL Zimtpulver | Zitronensaft

Zubereitungszeit: 10 Min. | Einweichzeit: mind. 2 Std.
Pro Portion (1 EL) ca. 100 kcal, 1 g E, 0 g F, 21 g KH

1 Die getrockneten Pflaumen klein schneiden und mit 200 ml heißem Wasser übergießen. Mind. 2 Std., besser über Nacht, einweichen.

2 Am nächsten Tag die Pflaumen in ein Sieb abgießen, in einen Rührbecher füllen und fein pürieren. Wenn nötig, noch Wasser dazugeben. Mit Zimtpulver und einem Spritzer Zitronensaft abschmecken.

VARIANTE

Für Aprikosenmus die Pflaumen durch getrocknete Aprikosen ersetzen. Als Einweichflüssigkeit eignet sich Orangensaft oder Wasser. Gehaltvoller wird der Aufstrich mit einigen EL Mandelmus. Mit etwas mehr Wasser wird daraus ein süßer Dip.

KALTE BEERE

FÜR 2 GLÄSER (À 250 ML)

200 g Heidelbeeren | 200 g Erdbeeren | 1 kleine Banane | 1 Msp. gemahlene Vanille | 2 EL Honig | 2 EL Chia-Samen

Zubereitungszeit: 15 Min. | Kühlzeit: 6 Std.
Pro Portion (1 EL) ca. 45 kcal, 1 g E, 1 g F, 7 g KH

1 Die Heidelbeeren und Erdbeeren waschen, putzen und gründlich trocken tupfen. Mit der Banane, Vanille, Honig und den Chia-Samen in einem Mixer oder mit dem Pürierstab fein pürieren.

2 Den Beerenmix in heiß ausgewaschene Schraubgläser füllen, abkühlen lassen und zum Gelieren mind. 6 Std. in den Kühlschrank stellen.

3 Auf einer Scheibe Brot oder im Joghurt genießen. Im Kühlschrank bleibt die Konfitüre 2–3 Tage frisch.

TIPP

Mit nur einer Beerensorte gelingt die Beerenkonfitüre genauso gut. Wer keine Bananen mag, verwendet einfach ½ Tasse weiche Datteln.

APFELGELEE

FÜR 2 GLÄSER (À 250 ML)

500 g Äpfel (am besten saure, kleine Früchte) | ½ Vanilleschote | 200 g Zucker

Zubereitungszeit: 35 Min. | Abtropfzeit: 12 Std.
Pro Portion (1 EL) ca. 40 kcal, 0 g E, 0 g F, 9 g KH

1 Die Äpfel schälen, entkernen und in grobe Stücke schneiden. Die Vanilleschote längs aufschlitzen und das Mark herauskratzen. Die Schote klein schneiden. Apfelstücke mit Vanillemark und -Schote in einen Kochtopf geben, mit Wasser bedecken und zugedeckt zum Kochen bringen. 30 Min. bei mittlerer Hitze köcheln lassen.

2 Inzwischen ein grobes Sieb mit einem Mull- oder Geschirrtuch über eine Schüssel hängen. Die Äpfel in das Tuch geben und über Nacht abtropfen lassen.

3 Den aufgefangenen Saft wiegen, mit der halben Menge Zucker in einen Kochtopf geben und so lange kochen, bis er geliert. Dazu eine Gelierprobe machen (siehe Tipp).

4 Das Apfelgelee in heiß ausgespülte Gläser füllen, verschließen und abkühlen lassen.

VARIANTE

Dieses Gelee lässt sich auch aus Quitten herstellen, die beim Kochen eine rötliche Farbe annehmen.

TIPP

Für die Gelierprobe ein paar Tropfen kochendes Gelee auf einen kalten Teller tropfen und schräg halten: Wenn die Tropfen gelieren und erstarren, ist der Gelierpunkt erreicht.

ENERGIE für den Vormittag

KRAFTPAKET

FÜR 2 PORTIONEN

20 g Walnusskerne und 1 getrocknete Aprikose fein hacken. 1/4 Apfel waschen, Kerngehäuse entfernen und das Fruchtfleisch mit Schale grob raspeln. Alles mit 2 EL Magerquark vermischen. Eine große Scheibe Vollkornbrot mit der Quarkmasse bestreichen, mit einer zweiten Scheibe bedecken, in der Mitte durchschneiden.

Zubereitungszeit: 10 Min.
Pro Portion ca. 175 kcal, 7 g E, 7 g F, 20 g KH

HIMBA-SCHNITTE

FÜR 2 PORTIONEN

50 g TK-Himbeeren auftauen oder frische Himbeeren verlesen. 50 g Banane schälen und mit den Himbeeren zerdrücken. 3–4 EL Kokosflocken und 1 Prise gemahlene Vanille unterrühren. 2 Scheiben Vollkornbrot mit dem Obst-Kokos-Mus bestreichen und zusammenklappen.

Zubereitungszeit: 10 Min.
Pro Portion ca. 265 kcal, 5 g E, 16 g F, 23 g KH

ZEBRABROT

FÜR 2 PORTIONEN

1 kleine Möhre waschen, schälen, fein raspeln und mit 1 TL gehackter Petersilie, 50 g Ziegenfrischkäse und 1 Spritzer Zitronensaft verrühren, salzen und pfeffern. 1 Scheibe Roggenvollkornbrot mit der Hälfte der Creme bestreichen. 1 Scheibe Weizenmischbrot (Kastenform) darauflegen, mit übriger Creme bestreichen. Die Brote in gleich große Quadrate schneiden. Zu Türmchen stapeln, sodass Ober- und Unterseiten nicht bestrichen sind. In Frischhaltefolie einschlagen.

Zubereitungszeit: 15 Min.
Pro Portion ca. 165 kcal, 7 g E, 6 g F, 20 g KH

AJVAR-HÜHNERBRUST

FÜR 2 PORTIONEN

20 g Hühnerbrustaufschnitt in Streifen schneiden, 50 g rote Paprika waschen, weiße Trennwände und Kerne entfernen und würfeln. 2 Salatblätter waschen, trocken schütteln. 2 EL mildes Ajvar mit 3 EL fettarmem Frischkäse vermischen, 2 Scheiben Vollkornbrot mit je einem Viertel der Creme bestreichen. Mit Salat belegen. Übrigen Frischkäse mit Paprikawürfeln und Hühnerbrust mischen, auf einer Scheibe verteilen, die andere darauf klappen. Das Sandwich halbieren und verpacken.

Zubereitungszeit: 10 Min.
Pro Portion ca. 140 kcal, 9 g E, 3 g F, 19 g KH

Gut verpackt bleibt das Frühstücksbrot im Kühlschrank bis zu zwei Tage frisch.
Am besten Knabbergemüse oder -obst dazugeben – und genügend Wasser zum Trinken.

POWERSTART IN DEN TAG

Ein gutes Frühstück ist für Ihr Schulkind besonders wichtig: Es kann nicht einfach schnell etwas essen, wenn es Hunger hat wie im Kindergarten. Oft ist der Schultag so aufregend, dass Essen und Trinken vergessen wird. Machen Sie Ihr Kind deshalb morgens fit für den Tag und füllen Sie den leeren Kohlenhydratspeicher mit Müsli, Obst und Milch. Auch Vollkornbrot mit gesunden Aufstrichen sind top. Das sorgt für ausreichend Kalzium und »langsame« Kohlenhydrate, die lange vorhalten. Kinder, die morgens noch nichts essen können, sollten zumindest einen Smoothie oder Kakao trinken.

FRÜH-STÜCKS-STRESS

Klar hat jeder sein Standardfrühstück. Aber das kann sich ändern. Fragen Sie deshalb zwischendurch immer wieder nach, was Ihr Kind gerne hätte, und sorgen Sie für Abwechslung. Kaufen Sie »Frühstücksschrott«, wie Kinder-Cornflakes oder süße Kindermilch, erst gar nicht ein, auch wenn Ihr Kind von der Werbung begeistert ist. Was, wenn Ihr Kind ...

... MORGENS NICHTS ESSEN WILL? Mindestens eine Viertelstunde herrscht Anwesenheitspflicht am Frühstückstisch – egal, ob gegessen wird. Also rechtzeitig aufstehen und fertig machen. Zumindest einen Becher Milch oder Kakao, einen Smoothie oder Saft trinken. Ein extra gehaltvolles Frühstück mitgeben!

... KAFFEE TRINKEN WILL? Eine Tasse Kaffee enthält etwa 100 mg Koffein, Schwarztee 50 mg, Kakao 5 mg und ein kleines Glas Cola (150 ml) 20 mg. Ein wenig anregendes Koffein am Morgen schadet »Eulen« nicht – aber höchstens als Milchkaffee mit 50 ml Kaffee. Besser: Schwarzer oder grüner Tee oder Getreidekaffee mit Milch. Achtung: Koffein reichert sich an und Kinder können es nicht so schnell abbauen.

... KEINE MILCH MAG? Probieren Sie aus, ob es an der Temperatur liegt: Viele Kinder mögen Milch am liebsten kalt. Sonst Getreidekaffee oder Kakao ausprobieren. Joghurt kann die Morgenmilch ersetzen.

... NUR NUSS-NOUGAT-CREME ISST? Auf Vollkorntoast umsteigen, der immerhin zu einem Drittel Vollkorn enthält und leicht zu kauen ist. Bei der Creme auf einen hohen Nussanteil achten – oder selbst machen!

... SEIN SCHULBROT NICHT ISST? Ab und zu ist das normal – nicht ärgern! Lieber nachfragen und für mehr Abwechslung sorgen. Salatblätter halten das Sandwich saftig, Tomatenmark und Senf sorgen für Würze.

WERBUNG HAT EINFLUSS

Verbraucherverbände und Mediziner verlangen ein Werbeverbot für ungesunde Kinderlebensmittel. Das hat durchaus Berechtigung:

KINDER KAUFEN MIT EIN Kinder haben nicht nur eine Menge Taschengeld, sie bestimmen auch beim Einkauf mit, vor allem bei Süßigkeiten, Milchprodukten, Getränken, Müslis und Brotaufstrichen. Entsprechend wird in Zeiten, in denen Kinder TV sehen, besonders intensiv für diese Produkte geworben. Dabei sind die unter 8-Jährigen laut Kids-Verbraucheranalyse besonders gutgläubig, mit zunehmendem Alter wächst die Kritikfähigkeit. Fast die Hälfte möchte Lebensmittel ausprobieren, die sie in der Werbung gesehen haben, und halten diese Produkte für gesund.

WERBUNG MACHT APPETIT Tatsächlich ergab eine Studie, dass Kinder mehr kalorienreiche, ungesunde Snacks aßen, wenn sie zuvor Werbung für andere ungesunde Produkte gesehen hatten. Noch kritischer: Waren die Kinder übergewichtig, fiel der Effekt doppelt so hoch aus. Diese Kinder scheinen also besonders empfänglich für äußere Anreize zu sein. Wenn es das beworbene Produkt zu essen gab, konsumierten die Kinder am Tag sogar 30 Prozent mehr Kalorien!

WER WIRBT FÜR GESUNDES? Das Problem: Für Grundlebensmittel wie Apfel, Möhre oder Vollkornbrot gibt's keine Werbung. Erst stark bearbeitete Lebensmittel erlauben Gewinne, mit denen man Kampagnen finanzieren kann. Eltern sollten Werbeaussagen mit Kindern kritisch überprüfen – und das Interesse an gesunden Lebensmitteln wecken. Eine Hilfe dabei könnte eine bessere Lebensmittelkennzeichnung, wie z. B. eine Ampel, sein.

TRINKEN NICHT VERGESSEN!

Manchmal vergessen Kinder, ausreichend zu trinken: Knapp 1 Liter Flüssigkeit braucht Ihr Kind am Tag. Wenn es bei Sport oder Hitze ins Schwitzen kommt, entsprechend mehr. Das ist Voraussetzung für Konzentration und Leistungsfähigkeit. Deshalb ist es wichtig, dass auch in der Schule Trinkwasser verfügbar ist! Ideal sind »Zapfautomaten«. Auch Mineralwasser ist empfehlenswert. Süße Limonaden lassen den Blutzuckerspiegel hochschnellen, danach aber umso fixer sinken. Zudem sind sie wahre Dickmacher. Die gute alte Schulmilch dagegen sättigt und versorgt zugleich mit Flüssigkeit. Auch rohes Obst und Gemüse liefern zusätzlich Flüssiges. Setzen Sie sich in der Schule dafür ein, dass Milch und Joghurt angeboten werden. Direkt gepresste Säfte, die nicht aus Konzentrat hergestellt werden, sind gesund, aber enthalten relativ viel natürlichen Zucker. Deshalb höchstens verdünnt als Schorle anbieten.

DER EINFLUSS DER ANDEREN ...

> In der Schulzeit gewinnen zunehmend die Freunde an Einfluss: Was die Peergroup cool findet, wird als ungeschriebenes Gesetz akzeptiert. Es ist wichtig, den Freundeskreis Ihres Kindes zu kennen und einzubeziehen. Übrigens auch deren Eltern: Nicht immer dürfen nämlich die anderen viel mehr, bekommen mehr Taschengeld und längeren Ausgang.

> Nicht nur die Schule, auch Sport, Kirche, Pfadfinder und Kunst oder Musik schaffen Cliquen. Fördern Sie Mannschaftssportarten – Gemeinschaft tut Ihrem Kind gut und hilft ihm, weitere Freunde zu finden.

> Ihr Kind entwickelt einen Sinn für Gerechtigkeit. Tiere spielen als Mitlebewesen eine wichtige Rolle. Die Bereitschaft, sich für die unmittelbare Umgebung zu engagieren, wächst. Urlaub auf dem Bauernhof ist eine gute Gelegenheit zu erleben, wie Obst, Gemüse und Getreide wächst, wo Milch und Eier herkommen – und auch das Fleisch.

GUTEN-MORGEN-DRINKS
für Schulkinder

HEISSE SCHOKOLADE

FÜR 1 TASSE

250 ml Milch abmessen. 4 EL davon mit 1 TL Kakaopulver vermischen, den Rest mit 1 TL Ahornsirup und 1 Msp. gemahlener Vanille zum Kochen bringen. Das angerührte Kakaopulver in die heiße Milch rühren.

Zubereitungszeit: 10 Min.
Pro Portion ca. 190 kcal, 9 g E, 10 g F, 16 g KH

HIMBEERWÖLKCHEN

FÜR 1 GLAS

100 g Himbeeren putzen. 3 Beeren auf einen Holzspieß stecken. Mit 75 g Joghurt und 50 ml Milch mit dem Pürierstab oder im Mixer fein pürieren. Mit ½ TL Honig abschmecken, in ein großes Glas füllen und mit Himbeerspieß servieren.

Zubereitungszeit: 10 Min.
Pro Portion ca. 128 kcal, 5 g E, 5 g F, 14 g KH

ORANGENPUNSCH

FÜR 1 TASSE

1 Bio-Orange heiß abwaschen. Die Schale mit einem Sparschäler abschälen und die Orange auspressen. Die Schale ins Glas hängen und mit 100 ml kochendem Wasser übergießen. 1 Stück frischen Ingwer schälen und mit einer Knoblauchpresse zur heißen Orange drücken, 1 TL Honig einrühren, mit dem Orangensaft auffüllen.

Zubereitungszeit: 10 Min.
Pro Portion ca. 85 kcal, 1 g E, 0 g F, 17 g KH

TINTENMIX

FÜR 1 GLAS

100 g Heidelbeeren waschen, verlesen und mit ¼ Banane, 150 ml Buttermilch und 1 Msp. Zimtpulver pürieren. In ein großes Glas gießen und mit einem Strohhalm servieren.

Zubereitungszeit: 10 Min.
Pro Portion ca. 120 kcal, 6 g E, 1 g F, 18 g KH

Morgens ist Trinken besonders wichtig. Diese Getränke liefern zusätzlich Energie und wichtige Nährstoffe für einen guten Start in den Tag.

KNUSPERSONNE

FÜR 1 KIND

1 Bio-Orange | 2 TL flüssiger Honig | 150 g Joghurt | 1 EL Walnusskerne | 2 EL kernige Haferflocken | 1 TL Sesam

Zubereitungszeit: 15 Min.

Pro Portion ca. 305 kcal, 9 g E, 12 g F, 36 g KH

1 Die Orange großzügig schälen, das Weiße mitentfernen. Das Fruchtfleisch in runde Scheiben schneiden und auf einem tiefen Teller verteilen. Mit 1 TL Honig beträufeln und etwas ziehen lassen.

2 Den restlichen Honig in den Joghurt rühren. Die Walnüsse hacken und zusammen mit den Haferflocken und dem Sesam in einer Pfanne ohne Fett knusprig rösten.

3 Den Joghurt über die Orangenscheiben gießen. Mit dem Flocken-Nuss-Mix bestreuen und sofort servieren.

INFO

Die weiße Haut der Orange ist leicht bitter, enthält aber gesunde Substanzen. Besonders wertvoll sind die ätherischen Öle: die aromatische Schale vorher dünn abreiben und unter den Joghurt ziehen.

Power-START-MÜSLI

FÜR 1 KIND

2 EL Hirseflocken | 150 g Joghurt | 1 kleiner süßer Apfel | 1 EL gemahlene Haselnüsse | 1 EL Heidelbeeren | 1 Prise Zimtpulver

Zubereitungszeit: 15 Min.

Pro Portion ca. 275 kcal, 8 g E, 13 g F, 29 g KH

1 Die Hirseflocken mit dem Joghurt mischen und 10 Min. quellen lassen.

2 Den Apfel waschen, trocken reiben und samt Schale grob raspeln. Mit den Nüssen und den Heidelbeeren unter das Müsli mischen, mit Zimtpulver abschmecken.

INFO

Der Schweizer Arzt Maximilian Bircher-Benner hat mit diesem Rezept das Müsli erfunden. Es enthält alles, was Ihr Kind braucht, um mit Power in den Tag zu starten: Getreideflocken liefern Kohlenhydrate, Ballaststoffe und B-Vitamine. Joghurt liefert Kalzium und etwas Eiweiß, der Apfel bringt Vitamine und Bio-Aktivstoffe und die Nüsse enthalten wertvolle Fettsäuren.

OVERNIGHT OATS

FÜR 1 KIND

40 g kernige Haferflocken | 40 ml naturtrüber Apfelsaft | 1 Dattel | 80 g Joghurt | 1 EL Sesam | 1 TL Honig | 100 g Beeren (z. B. Heidelbeeren oder Erdbeeren)

Zubereitungszeit: 5 Min. | Ruhezeit: 12 Std.

Pro Portion ca. 350 kcal, 11 g E, 9 g F, 53 g KH

1 Die Haferflocken mit Apfelsaft und 40 ml Wasser mischen. Die Dattel entsteinen, hacken und dazugeben. Zugedeckt im Kühlschrank über Nacht ziehen lassen.

2 Am folgenden Morgen mit Joghurt, Sesam und Honig mischen und mit frischen Beeren garnieren.

TIPP

Statt Beeren schmecken auch geraspelte Äpfel, Orangen-, Melonen- oder Mangostückchen.

INFO

Overnight Oats, also Haferflocken, werden durch das nächtliche Einweichen bekömmlicher, ohne wertvolle Nährstoffe zu verlieren. Zudem geht's morgens dann einfach schneller.

PREP-MÜSLI-MIX

FÜR 10 PORTIONEN

100 g Cashewkerne | 100 g Buchweizen | 100 g Haferflocken | 1 Msp. Zimtpulver | 1 Msp. gemahlene Vanille | 1 EL Rapsöl | 2 EL Ahornsirup | 100 g Pop-Amarant

Zubereitungszeit: 20 Min.

Pro Portion ca. 185 kcal, 6 g E, 7 g F, 24 g KH

1 Für den Müslimix die Cashewkerne klein hacken, mit Buchweizen, Haferflocken, Zimtpulver und der gemahlenen Vanille mischen.

2 In einer großen, beschichteten Pfanne das Öl mit dem Sirup erhitzen, Nuss-Getreide-Mix dazugeben und goldgelb rösten. Es darf nicht zu braun werden. Sofort in einer Schüssel mit dem Amarant mischen und abkühlen lassen.

3 Müslimix in ein Schraubglas füllen. Für eine Müsliportion reichen 3 EL vom Müsli-Mix.

TIPP

Für eine glutenfreie Mischung ausdrücklich glutenfreie Haferflocken wählen oder Hirseflocken verwenden.

KRACHERBRÖTCHEN
mit Linsen-Hummus

FÜR 2 PORTIONEN

3 EL rote Linsen (ca. 40 g) | 30 g geröstete Erdnusskerne (gesalzen) | 1 junge Kohlrabi | 2 EL Joghurt | 1 TL edelsüßes Paprikapulver | 1 TL Zitronensaft | 1 kleines Vollkornbrötchen | ½ Beet Kresse

Zubereitungszeit: 20 Min.

Pro Portion ca. 305 kcal, 16 g E, 10 g F, 35 g KH

1 Die Linsen in ein Sieb geben und abbrausen. In einem Topf mit 100 ml Wasser ca. 15 Min. weich kochen. Die Linsen alternativ über Nacht einweichen und ankeimen lassen.

2 Kohlrabi waschen, wenn nötig schälen, aus der Mitte zwei fingerdicke Scheiben schneiden. Die Deckel in Sticks schneiden.

3 Die Linsen mit den Erdnüssen fein pürieren. Den Joghurt unterziehen. Mit Paprikapulver und Zitronensaft würzen.

4 Das Brötchen halbieren, die Krume leicht eindrücken, mit Linsen-Hummus bestreichen, mit Kresse bestreuen. Auf jede Brötchenhälfte eine Kohlrabischeibe legen. Die Brötchen aufeinanderstapeln und mit den Kohlrabisticks in eine Lunchbox packen.

SCHINKENBROT
mit Tupfenei

FÜR 2 PORTIONEN

1 großes Ei | 2 Stängel Basilikum | 2 getrocknete Tomaten | 100 g Hüttenkäse | 1 TL Rapsöl | 2–3 Salatblätter | 2 große Scheiben Vollkornbrot | 2 TL Butter oder Margarine | 1 dünne Scheibe Putenschinken

Zubereitungszeit: 15 Min.

Pro Portion ca. 315 kcal, 16 g E, 18 g F, 21 g KH

1 Das Ei in einer Schüssel verquirlen. Basilikum waschen, trocken schütteln, mit den getrockneten Tomaten klein hacken und mit dem Hüttenkäse unter das Ei mischen. In einer heißen Pfanne mit Öl bei mittlerer Hitze von beiden Seiten braten, abkühlen lassen.

2 Die Salatblätter waschen, trocken tupfen, die Rippen entfernen. Die Brotscheiben mit Butter bestreichen, mit dem Salat belegen. Auf eine Scheibe den Eierkuchen legen, zurechtschneiden. Auf die andere den Schinken legen. Die Brote aufeinanderlegen, andrücken und halbieren.

AUFSTRICHE FÜRS
Schnittchen

PIZZAPASTE

FÜR 8 PORTIONEN

1 kleine Zwiebel und 1 Knoblauchzehe schälen, würfeln und in 1 EL Öl anbraten. 150 ml Tomatensaft dazugeben und aufkochen. 80 g Grünkernschrot einrühren und ca. 5 Min. köcheln, dann abkühlen lassen. 2 getrocknete Tomaten und 4 schwarze Oliven klein schneiden und mit ½ Bund gehacktem Basilikum, 1 EL Sojasauce, 2 EL Tomatenmark und 1 EL Olivenöl zu der Grünkernpaste geben. Mit Pfeffer und Salz würzen und fein pürieren.

Zubereitungszeit: 30 Min.
Pro Portion ca. 80 kcal, 2 g E, 4 g F, 9 g KH

THUNACREME

FÜR 8 PORTIONEN

1 Ei hart kochen. 1 Dose Thunfisch (im eigenen Saft) gut abtropfen lassen. 1 Zwiebel schälen und fein würfeln. 1 Avocado halbieren, den Kern entfernen und das Fruchtfleisch mit einem Löffel aus der Schale heben, mit einer Gabel zerdrücken und mit 1 EL Zitronensaft mischen. Das Ei pellen, klein schneiden. Alle Zutaten vermengen und mit 1 TL Senf, Salz, Pfeffer und ½ Bund gehackte Petersilie abschmecken.

Zubereitungszeit: 15 Min.
Pro Portion ca. 90 kcal, 7 g E, 6 g F, 1 g KH

ALADINS DIP (HUMMUS)

FÜR 8 PORTIONEN

1 Dose Kichererbsen (240 g) abtropfen lassen. 1 Bund Petersilie waschen, trocken schütteln und klein schneiden. 1 Knoblauchzehe und 1 Zwiebel schälen und würfeln. Zutaten mit 4 EL Tahin (Sesampaste), 2 EL Olivenöl, 100 g Joghurt, 2 EL Zitronensaft, Cayennepfeffer, Salz und Kreuzkümmel fein pürieren. Im Kühlschrank abgedeckt ca. 2 Std. ziehen lassen.

Zubereitungszeit: 30 Min.
Kühlzeit: 2 Std.
Pro Portion ca. 90 kcal, 3 g E, 6 g F, 5 g KH

RADIESCHENQUARK

FÜR 8 PORTIONEN

1 Bund Schnittlauch waschen, trocken schütteln und klein schneiden. 1 Bund Radieschen waschen, putzen und in kleine Stücke schneiden. 500 g Magerquark mit 150 ml Wasser und 1 EL Rapsöl glatt rühren, mit Salz und Pfeffer abschmecken. Schnittlauch und Radieschen untermischen. 1 EL weiße Chia-Samen in den Quark geben und verrühren. Im Kühlschrank ca. 20 Min. quellen lassen.

Zubereitungszeit: 10 Min.
Quellzeit: 20 Min.
Pro Portion ca. 70 kcal, 9 g E, 2 g F, 3 g KH

Gut gekühlt in sauberen Gläsern halten sich die Dips ca. drei bis vier Tage. Den Hummus können Sie mit ein wenig Olivenöl bedecken, so hält er noch länger.

KNABBERWRAP

FÜR 1 KIND

1 Tortilla (Weizenfladen) | 1 TL Schmand | 2 EL Kürbiskerne | 2 Blätter Eisbergsalat | 1 dünne Scheibe gekochter Schinken

Zubereitungszeit: 10 Min.

Pro Portion ca. 290 kcal, 12 g E, 12 g F, 31 g KH

1 Die Tortilla dünn mit Schmand bestreichen. Die Kürbiskerne hacken und darüber streuen.

2 Die Salatblätter waschen, trocken tupfen und in Streifen schneiden. Auf den Fladen legen. Den Schinken in schmale Streifen schneiden und auf dem Wrap verteilen.

3 Den Wrap aufrollen und mit einem scharfen Messer in der Mitte halbieren. Fest in Frischhaltefolie wickeln.

VARIANTE

Wer's knusprig mag, röstet die Tortilla zuvor in einer beschichteten Pfanne ohne Fett etwas an. Alternativ oder zusätzlich kann man Gemüsestreifen (z. B. Gurke, Paprika, Möhre), Maiskörner, gebratene Putenstreifen, geräucherten Lachs oder andere Lieblingszutaten in den Wrap rollen. Zum Bestreichen eignet sich Tomatenmark, Pesto oder Frischkäse.

LAUGEN-DOG

FÜR 2 KINDER

1 Laugenstange | 3 Radieschen mit Grün | 1 hartgekochtes Ei | 1 TL milder Senf | 1 EL Magerquark

Zubereitungszeit: 20 Min. | Kühlzeit: 2 Std.
Pro Portion ca. 140 kcal, 8 g E, 4 g F, 17 g KH

1 Beide Enden der Laugenstange abschneiden, das Innere mit einer Gabel aushöhlen und die Krume in kleine Stücke schneiden.

2 Die Radieschen waschen und putzen. Das Grün waschen, trocken schütteln und samt Stielen fein hacken. Radieschen ebenfalls fein hacken. Das Ei pellen und in feine Würfel schneiden.

3 Alle Zutaten mit der Krume vermengen und in die Stange stopfen, in Frischhaltefolie wickeln und mind. 2 Std. kalt stellen. Dann in fingerdicke Scheiben schneiden und in die Lunchbox packen.

VARIANTE

Für die Füllung statt Ei ½ Avocado mit 2 EL Schnittlauchröllchen und Salatstreifen verwenden.
Oder 50 g Frischkäse mit 2–3 EL Paprikawürfeln und 40 g gerösteten Kürbiskernen mischen.

Fruchtige BROTSPIESSE

FÜR 1 KIND

1 dicke Scheibe Grahambrot | 1 EL Sahnequark | 1 TL Fruchtaufstrich | 100 g frische Früchte | einige kleine Holzspieße

Zubereitungszeit: 10 Min.

Pro Portion ca. 235 kcal, 8 g E, 3 g F, 42 g KH

1 Das Brot mit dem Quark bestreichen und in ca. 2 cm große Würfel schneiden. Auf jedes Brothäppchen 1 Klecks Fruchtaufstrich geben.

2 Die Früchte waschen und putzen, schälen und entkernen. In mundgerechte Stücke schneiden.

3 Jedes Brothäppchen mit 1–2 Fruchtstückchen auf einen kleinen Spieß stecken. Dazu schmeckt ein Glas Milch.

BANANENBROT

FÜR 1 KIND

1 Scheibe Vollkornbrot | 1 TL Crème double | ½ Banane | Kakaopulver zum Bestäuben

Zubereitungszeit: 5 Min.

Pro Portion ca. 210 kcal, 6 g E, 2 g F, 33 g KH

1 Das Brot dünn mit Crème double bestreichen.

2 Die Banane schälen, in dicke Scheiben schneiden und auf das Brot legen. Mit etwas Kakao überstäuben. Dazu schmeckt ein Glas Milch.

VARIANTE

Das Brot statt mit Crème double mit 1 EL Vanillequark bestreichen. Mit Pfirsichspalten, Erdbeerscheiben oder Orangenschnitzen belegen.

Süßer
APFEL-WALNUSS-STREICH

FÜR 1 KIND

1 kleiner Apfel | 6 Walnusskerne | 2 EL Sahnequark | 1 TL Honig | 1 Vollkornbrötchen

Zubereitungszeit: 15 Min.

Pro Portion ca. 630 kcal, 17 g E, 36 g F, 52 g KH

1 Den Apfel waschen, vierteln, Kerngehäuse entfernen und das Fruchtfleisch mit Schale fein reiben. Die Walnüsse klein hacken und in einer Pfanne ohne Fett rösten, bis sie duften.

2 Den geraspelten Apfel mit den Walnüssen, Sahnequark und Honig vermengen.

3 Das Brötchen längs halbieren. Eine Hälfte mit der Creme bestreichen und mit der anderen Brötchenhälfte bedecken. In eine Frühstücksbox packen.

VARIANTE

Die Creme schmeckt auch mit Raspelbirne und anderen Nüssen.

INFO

Äpfel stecken voll wertvoller Bio-Aktivstoffe. Viele davon liegen direkt unter der Schale. Darum am besten Bio-Äpfel kaufen, gut sauber reiben – das entfernt evtl. Rückstände am besten – und die Schale möglichst mitessen.

OH WIE OBST

für den süßen Hunger!

RASPELAPFELBECHER

FÜR 2 KINDER

1 großen Apfel waschen, vierteln und das Kerngehäuse entfernen. Grob raspeln und mit 100 g Joghurt, 2 EL Apfelsaft und 1 EL Rosinen gut verrühren. 2 EL gehackte, ungeschälte Mandeln in einer Pfanne ohne Fett mit 1 Prise Zimtpulver rösten und auf den Apfeljoghurt streuen.

Zubereitungszeit: 15 Min.
Pro Portion ca. 135 kcal, 4 g E, 7 g F, 14 g KH

EXOTIKQUARK

FÜR 2 KINDER

Von 1 dicken Scheibe Ananas rundherum die Schale abschneiden. Die Scheibe vierteln und den holzigen Strunk entfernen. Ca. 100 g Fruchtfleisch klein hacken. 150 g Sojaquarkcreme hinzufügen und mit 2 EL Kokosflocken mischen. 1–2 Mandarinen schälen, in Spalten schneiden und auf dem Quark anrichten.

Zubereitungszeit: 15 Min.
Pro Portion ca. 195 kcal, 6 g E, 12 g F, 13 g KH

FRÜCHTE MIT SCHOKODIP

FÜR 2 KINDER

1 TL lösliches Kakaopulver (entölt) unter Rühren in 100 ml Milch auflösen. Mit 2 EL Rosinen, 40 g gemahlenen Haselnüssen, 1 EL zarten Haferflocken und 1 EL Schokoladenresten erwärmen und glatt pürieren, kalt stellen. 250 g frisches Obst waschen und schälen und/oder putzen. Kleine Früchte ganz lassen, feste in Spalten schneiden. Kalten Schokodip cremig rühren und zum Obst reichen. Für Beeren, Trauben und Melonenstücke Holzspießchen dazugeben.

Zubereitungszeit: 10 Min.
Pro Portion ca. 310 kcal, 6 g E, 17 g F, 32 g KH

SESAMBANANE

FÜR 2 KINDER

1 Banane erst längs, dann quer halbieren. 1 TL Butter in einer kleinen, beschichteten Pfanne bei mittlerer Hitze zerlassen. Die Banane hineinlegen und 1 TL Honig gleichmäßig darüberträufeln. Die Banane 2 Min. braten, wenden und mit 1 EL Sesam bestreuen. 2 Min. weiterbraten. Mit etwas Zitronensaft beträufeln und warm servieren.

Zubereitungszeit: 10 Min.
Pro Portion ca. 110 kcal, 2 g E, 5 g F, 14 g KH

Ganz ohne zugesetzten weißen Zucker sind die süßen Früchtchen ein idealer Snack. Nüsse sorgen für Sättigung, Früchte für schnelle Energie. Die Menge reicht für zwei!

Essen für MUTTER & Kind

Schnell was auf den LÖFFEL

MÖHRENSUPPE MIT WALNÜSSEN

FÜR 1 KIND UND 1 ERWACHSENEN

½ Zwiebel schälen und würfeln. 250 g Möhren waschen und raspeln. 1 EL Rapsöl erhitzen und das Gemüse darin andünsten. 125 ml Möhrensaft angießen, die Hälfte von 25 g gehackten Walnüssen und 10 g blütenzarte Haferflocken dazugeben. Mit Salz, Pfeffer und 1 Prise frisch geriebener Muskatnuss würzen und ca. 10 Min. köcheln lassen. Restliche Walnüsse anrösten. 60 ml Orangensaft zum Gemüse geben, pürieren, wenn nötig Wasser dazugeben. 25 g Frischkäse unterrühren. Walnüsse aufstreuen.

Zubereitungszeit: 30 Min.
Insgesamt ca. 500 kcal, 11 g E, 34 g F, 37 g KH

KÜRBISSUPPE MIT CROUTONS

FÜR 1 KIND UND 1 ERWACHSENEN

½ Zwiebel, 200 g Hokkaido-Kürbis und 1 Kartoffel (80 g) schälen, grob würfeln. ½ Apfel entkernen und zerteilen. 1 EL Butter erhitzen, erst die Zwiebel, dann 1 EL Sesam darin anbraten. Kürbis, Kartoffeln und Apfel dazugeben, unter Rühren weiterbraten. Mit Salz, Pfeffer und 1 Prise Currypulver würzen. 200 ml Brühe dazugießen. 30 Min. köcheln lassen, 50 g Schmand unterrühren. Alles fein pürieren. 1 Scheibe Brot vom Vortag in Stücke schneiden und mit 1 EL Sesam in 1 EL Butter goldbraun rösten. Über die Suppe streuen.

Zubereitungszeit: 40 Min.
Insgesamt ca. 690 kcal, 14 g E, 37 g F, 78 g KH

CREMIGE ERBSENSUPPE

FÜR 1 KIND UND 1 ERWACHSENEN

½ Stange Lauch putzen, waschen, in Ringe schneiden. 100 g Pastinaken und 150 g Kartoffeln schälen und würfeln. Lauch in 1 EL Öl anbraten, Pastinaken und Kartoffeln mitbraten. 250 ml Wasser angießen, salzen, pfeffern und 15 Min. zugedeckt kochen. ½ Bund Petersilie waschen, hacken. 25 g Sahne, Kräuter und die Hälfte von 100 g TK-Erbsen dazugeben, pürieren. 2 Geflügel-Wiener-Würstchen in Scheiben schneiden und mit restlichen Erbsen in der Suppe erhitzen.

Zubereitungszeit: 30 Min.
Insgesamt ca. 565 kcal, 24 g E, 28 g F, 53 g KH

TOMATEN-GRAUPEN-SUPPE

FÜR 1 KIND UND 1 ERWACHSENEN

40 g Perlgraupen mit ½ l passierten Tomaten und 125 ml Gemüsebrühe in einen Topf geben und ca. 25 Min. bei kleiner Hitze kochen. Für das Pesto ½ Bund Basilikum waschen, trocken schütteln und samt Blatt und Stielen, 2 EL Olivenöl und 2 EL geriebenem Parmesan mit einem Pürierstab zu einer sämigen Paste pürieren. Die Graupensuppe mit Salz, Pfeffer und 50 g Sahne abschmecken und zusammen mit dem Pesto servieren.

Zubereitungszeit: 35 Min.
Insgesamt ca. 640 kcal, 19 g E, 38 g F, 53 g KH

Diese vollwertigen Suppen machen Sie und Ihr Kind gesund satt. Die Garnitur erst bei Tisch aufstreuen: ein Extraspaß für die Kleinen!

SPINATCRÊPES
mit Käse

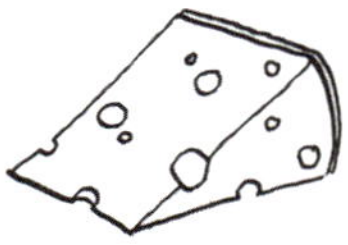

FÜR 1 KIND UND 1 ERWACHSENEN

1 Ei | 80 g Mehl (Type 1050) | 2 EL blütenzarte Haferflocken | Salz | 150 ml Milch | 1 kleine Zwiebel | 500 g Blattspinat | 1 TL Öl | Pfeffer | frisch geriebene Muskatnuss | Mineralwasser | Butter zum Braten | 40 g geriebener Käse (z. B. Blauschimmelkäse, Gouda)

Zubereitungszeit: 30 Min.
Insgesamt ca. 775 kcal, 48 g E, 32 g F, 73 g KH

1 Ei, Mehl, Haferflocken, 1 Prise Salz und Milch mischen und zu einem dünnflüssigen Teig rühren. Ca. 10 Min. quellen lassen.

2 Inzwischen Zwiebel schälen und fein hacken. Spinat putzen, waschen und abtropfen lassen. Grobe Stiele entfernen. Das Öl in einem großen Topf erhitzen und die Zwiebeln darin anbraten. Den Spinat dazugeben, unter Rühren zusammenfallen lassen und 3–4 Min. dünsten. Vom Herd nehmen und mit Salz, Pfeffer und Muskat würzen.

3 1 Schuss Mineralwasser unter den Teig rühren. Etwas Butter in einer beschichteten Pfanne erhitzen und nacheinander 4 dünne Crêpes backen. Die Crêpes nach dem Wenden jeweils mit etwas Käse bestreuen, Deckel auflegen und den Käse schmelzen lassen. Die Käsecrêpes mit Spinat füllen und sofort servieren.

VARIANTE

Für eine Pilz-Lauch-Füllung 400 g braune Champignons säubern und in Scheiben schneiden. 2 Frühlingszwiebeln putzen, waschen und in schmale Ringe schneiden. 1 EL Öl in einer Pfanne erhitzen, Pilze und Zwiebeln darin andünsten, 30 g Crème fraîche und 40 g geriebenen Gouda dazugeben, mit Pfeffer und Salz abschmecken und die Crêpes damit füllen.

HIMMEL-UND-ERDE-Puffer

FÜR 1 KIND UND 1 ERWACHSENEN

1 säuerlicher Apfel | 400 g mehligkochende Kartoffeln | 125 g Magerquark | 1 Ei (S) | 3 EL Haferflocken | Salz | Pfeffer | frisch geriebene Muskatnuss | 2 EL Öl

Zubereitungszeit: 35 Min.
Insgesamt ca. 780 kcal, 39 g E, 34 g F, 77 g KH

1 Den Apfel waschen, trocken reiben, vierteln und entkernen. Die Kartoffeln schälen. Beides grob reiben.

2 Den Quark und das Ei in einer großen Schüssel verrühren. Den geriebenen Apfel, die Kartoffeln und so viel Haferflocken zum Quark geben, dass eine lockere Puffermasse entsteht. Mit Salz, Pfeffer und Muskat würzen.

3 Das Öl in einer beschichteten Pfanne erhitzen. Die Masse mit einem Löffel portionsweise in die Pfanne geben und flach drücken. Die Puffer bei kleiner Hitze von beiden Seiten goldbraun braten. Dazu schmeckt ein grüner Salat mit Raspelmöhren und Joghurtdressing.

VARIANTE

Schmeckt auch süß: In die Masse 2 EL gehackte Nüsse und ½ Päckchen Vanillezucker geben. Dazu passt Apfelmus.

GEMÜSE-FRITTATA

FÜR 1 QUICHEFORM (24 CM Ø; 8 STÜCKE)

500 g Möhren | 250 g breite Bohnen | 1 EL Butter | 4 Eier | 75 g Schmand | Salz | Pfeffer | 1 TL Currypulver | ¼ TL gemahlener Kreuzkümmel | 1 EL Sesam | Öl für die Form

Zubereitungszeit: 20 Min. | Backzeit: 25 Min.
Insgesamt ca. 830 kcal, 41 g E , 57 g F, 37 g KH

1 Den Backofen auf 180° vorheizen. Die Möhren schälen und der Länge nach vierteln. Die Bohnen waschen, entfädeln und die Enden abknipsen. Die Bohnen in schmale Streifen schneiden. Die Butter in einer Pfanne erhitzen und das Gemüse darin anbraten.

2 Die Eier mit dem Schmand verquirlen und mit Salz, Pfeffer, Currypulver und Kreuzkümmel würzen. Die Quicheform mit Öl einpinseln.

3 Das Gemüse in der Form verteilen, die Eiermasse einfüllen. Mit Sesam bestreuen und im heißen Ofen (Mitte) in ca. 25 Min. stocken lassen. Dazu passen Salat und Brot oder Kartoffeln.

Bunte WOK-ZUCCHINI

FÜR 1 KIND UND 1 ERWACHSENEN

400 g Zucchini | 4 Frühlingszwiebeln | 1 Paprika | 1 EL Olivenöl | 2 EL Sesam | Salz | Pfeffer | 30 g Schafskäse (Feta)

Zubereitungszeit: 25 Min.

Insgesamt ca. 285 kcal, 13 g E, 18 g F, 16 g KH

1 Das Gemüse waschen und putzen. Die Zucchini schräg in ½ cm dicke Scheiben schneiden. Die Frühlingszwiebeln in dünne Ringe schneiden. Die Paprika halbieren, weiße Trennwände und Kerne entfernen und die Hälften in Ringe schneiden.

2 Das Öl im Wok oder in einer tiefen Pfanne erhitzen und die Frühlingszwiebeln darin anbraten.

3 Zucchini, Paprika und Sesam dazugeben und unter Rühren bei großer Hitze braten, bis das Gemüse weich ist, aber noch etwas Biss hat. Mit Salz und Pfeffer würzen. Den Feta darüberbröseln. Dazu schmeckt Reis oder Kartoffelpüree.

BROKKOLIBÄUMCHEN mit Cashewsauce

FÜR 1 KIND UND 1 ERWACHSENEN

500 g Brokkoli | Salz | 1 kleine Zwiebel | 1 EL Rapsöl | 40 g Cashewkerne | Pfeffer | Zitronensaft

Zubereitungszeit: 35 Min.

Insgesamt ca. 440 kcal, 20 g E, 28 g F, 25 g KH

1 Den Brokkoli waschen, die Röschen oben abschneiden und salzen. Stiel und Blätter klein schneiden. Die Zwiebel schälen und fein hacken.

2 Das Öl in einem Topf erhitzen und Brokkolistiel, -blätter und Zwiebeln darin anbraten. 200 ml Wasser dazugießen. Die Brokkoliröschen in einen Dämpfaufsatz füllen und in den Topf stellen. Das Gemüse zugedeckt 10–15 Min. garen. Inzwischen die Cashewkerne in einer Pfanne ohne Fett rösten, bis sie duften.

3 Den Dämpfeinsatz aus dem Topf heben, die Brokkoliröschen beiseitestellen. Die Cashewkerne mit Stiel und Blättern zu einer Sauce pürieren. Mit Salz, Pfeffer und 1 Spritzer Zitronensaft abschmecken und zusammen mit den Brokkoliröschen servieren. Als Beilage schmecken Kartoffeln, Nudeln oder Gnocchi.

Zitronen-BLUMENKOHL

FÜR 1 KIND UND 1 ERWACHSENEN

1 EL Butter | 1 EL Mehl (Type 1050) | ½ Bio-Zitrone | 400 g Blumenkohl | Salz | 1 TL Olivenöl | 150 ml Buttermilch | 2 EL Crème fraîche | Pfeffer

Zubereitungszeit: 30 Min.

Insgesamt ca. 485 kcal, 16 g E, 36 g F, 22 g KH

1 Die Butter mit dem Mehl verkneten und kalt stellen. Die Zitrone heiß abwaschen und abtrocknen. Die Schale abreiben und den Saft auspressen.

2 Den Blumenkohl waschen, in Röschen teilen und in 150 ml Salzwasser in ca. 8 Min. bissfest kochen. Röschen abgießen, Kochsud auffangen und beiseitestellen.

3 Inzwischen den Strunk und die grünen Außenblätter hacken, die harten Blattrippen entfernen. Das Öl erhitzen und Stiel und Blätter darin anbraten. Den Kochsud dazugießen. Nach und nach Buttermilch und Mehlbutter dazugeben und unter Rühren 5 Min. kochen.

4 Mit Crème fraîche, Salz, Pfeffer, Zitronensaft und -schale würzen. Die Röschen in der Sauce erhitzen und zum Beispiel mit Pellkartoffeln oder Reis servieren.

KOHLRABINUDELN mit Blätterrahm

FÜR 1 KIND UND 1 ERWACHSENEN

500 g Kohlrabi mit Grün | 1 EL Rapsöl | 100 ml Kokosmilch | Salz | Pfeffer | 1 TL Zitronensaft

Zubereitungszeit: 35 Min.

Insgesamt ca. 390 kcal, 12 g E, 29 g F, 19 g KH

1 Kohlrabi waschen, Blätter samt Stielen abschneiden und beiseitestellen. Kohlrabi schälen, evtl. in Spalten schneiden und mit dem Spiralschneider zu Spaghetti drehen.

2 Das Kohlrabigrün mitsamt den Stielen fein hacken. Das Öl in einem Topf erhitzen, Kohlrabigrün und -stiele darin anbraten. Die Kokosmilch dazugießen. Salzen und pfeffern.

3 Die Kohlrabinudeln in den Blätterrahm geben, Deckel auflegen und bei kleiner Hitze 15 Min. garen. Bei Bedarf etwas Wasser dazugeben. Mit Zitronensaft abschmecken.

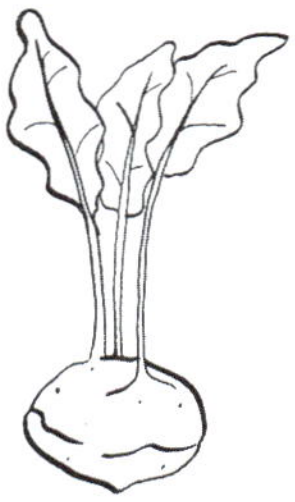

KRÜMELZUCCHINI

FÜR 1 KIND UND 1 ERWACHSENEN

1 TL gehackter Rosmarin | 4 EL Olivenöl | 400 g Zucchini | 40 g Parmesan | 80 g Semmelbrösel | Salz | Pfeffer

Zubereitungszeit: 30 Min.
Insgesamt ca. 865 kcal, 28 g E,53 g F, 67 g KH

1 Den Backofen auf 200° vorheizen. Rosmarin mit 2 EL Olivenöl verrühren. Ein Backblech mit dem übrigen Öl einpinseln oder Blech mit Backpapier auslegen.

2 Die Zucchini waschen, die Enden abschneiden. Die Zucchini der Länge nach in dünne Scheiben schneiden und auf das vorbereitete Backblech legen.

3 Den Parmesan reiben. Die Semmelbrösel mit dem Parmesan mischen. Die Zucchini mit dem Rosmarinöl bestreichen, salzen und pfeffern. Dick mit Semmelbrösel-Parmesan-Mischung bestreuen.

4 Im heißen Ofen (Mitte) in 20 Min. goldbraun backen. Dazu passt Tomatensalat.

TIPP

Das ist eine tolle Resteverwertung für Brot und Brötchen vom Vortag: In dünnen Scheiben in einem Baumwollbeutel luftig trocknen. Dann mit einer Küchenmaschine in Brösel raspeln und in einem Schraubglas aufbewahren. Geht auch mit einer Handreibe – dann dickere Stücke trocknen. In diesem Gericht ersetzen die Brösel die Beilage.

TOMATENUFOS
mit Avocadodip

FÜR 1 KIND UND 1 ERWACHSENEN

½ Zitrone | 70 g Mehl (Type 1050) | 1 Ei | 50 ml Mineralwasser | Salz | Pfeffer | 300 g große Tomaten | 1 kleine reife Avocado | Mehl zum Wenden | Öl zum Ausbacken

Zubereitungszeit: 25 Min.

Insgesamt ca. 835 kcal, 24 g E, 48 g F, 75 g KH

1 Zitrone auspressen. Mehl mit dem Ei, 2 EL Zitronensaft und Mineralwasser glatt rühren, salzen und pfeffern. Mehl zum Wenden auf einen Teller geben.

2 Die Tomaten waschen, Stielansätze entfernen. Die Tomaten in fingerdicke Scheiben schneiden. Die Avocado halbieren, den Kern entfernen und das Fruchtfleisch mit einem Löffel aus der Schale heben. Mit dem restlichen Zitronensaft pürieren. Mit Salz und Pfeffer abschmecken.

3 In einer Pfanne etwas Öl erhitzen. Tomaten in Mehl wenden, durch den Teig ziehen und im heißen Öl von beiden Seiten goldgelb ausbacken. Auf Küchenpapier abtropfen lassen und mit dem Dip servieren.

VARIANTE

Zum Ausbacken im Teig eignen sich alle weichen Gemüsearten: Köpfe von großen Pilzen oder ganze kleine Pilze, Kürbisspalten, Scheiben von Süßkartoffeln, Zucchini- oder Auberginenscheiben, Brokkoliröschen, Spargelstücke, Zuckererbsen, Paprikastreifen. Bissfest vordämpfen sollten Sie Kartoffeln, Möhren, Sellerie, Kohlrabi und Blumenkohl.

TORTILLA *für zwei*

FÜR 1 KIND UND 1 ERWACHSENEN

400 g Kartoffeln | 1 Zwiebel | 2 EL Olivenöl | Salz | 3 Eier | Pfeffer | edelsüßes Paprikapulver | 2 EL Ajvar

Zubereitungszeit: 35 Min.

Insgesamt ca. 695 kcal, 28 g E, 40 g F, 55 g KH

1 Kartoffeln und Zwiebel schälen und in dünne Scheiben hobeln. 1 EL Öl in einer kleinen beschichteten Pfanne (20 cm ∅) erhitzen und die Kartoffeln darin in 15 Min. goldbraun braten, salzen, herausnehmen und beiseitestellen. Die Zwiebeln im Bratfett anbraten, beiseitestellen.

2 Die Eier verquirlen, mit Salz, Pfeffer und Paprikapulver kräftig würzen. Das übrige Öl in die Pfanne geben, ein Drittel des Eiermix dazugeben. Kartoffeln und Zwiebeln darauf verteilen. Den übrigen Eiermix darübergießen. Den Deckel auflegen und die Tortilla zugedeckt bei kleiner Hitze stocken lassen.

3 Vorsichtig wenden und leicht von der anderen Seite bräunen. In Stücke schneiden und mit Ajvar servieren. Dazu passt Salat.

Möhren- STAMPFKARTOFFELN

FÜR 1 KIND UND 1 ERWACHSENEN

500 g vorwiegend festkochende Kartoffeln | 300 g Möhren | Salz | 2 EL Butter | frisch geriebene Muskatnuss | Pfeffer | Milch (nach Belieben)

Zubereitungszeit: 30 Min.

Insgesamt ca. 560 kcal, 12 g E, 26 g F, 79 g KH

1 Die Kartoffeln und Möhren waschen und schälen. Die Kartoffeln grob würfeln, die Möhren in ½ cm dünne Scheiben schneiden.

2 Beides in einem Topf mit 200 ml Wasser zum Kochen bringen, salzen und zugedeckt ca. 15 Min. garen. Wenn nötig, Wasser dazugeben.

3 Das Gemüse im Topf mit einem Kartoffelstampfer zerdrücken. Dabei Butter, Muskat und Pfeffer und nach Belieben noch etwas Wasser oder Milch dazugeben. Dazu passen Würstchen oder Spiegelei.

VARIANTE

Möhren durch Kohlrabi, Kürbis, Pastinaken, Rote Bete oder Butterrüben ersetzen. Für reine Stampfkartoffeln 750 g Kartoffeln verwenden.

KARTOFFELN in Erbsenrahm

FÜR 1 KIND UND 1 ERWACHSENEN

250 g TK-Erbsen | 500 g festkochende Kartoffeln | 1 EL Olivenöl | Salz | 1 Zweig Rosmarin | 3 EL Frischkäse | Pfeffer

Zubereitungszeit: 35 Min.
Insgesamt ca. 775 kcal, 30 g E, 27 g F, 100 g KH

1 Die TK-Erbsen auftauen lassen. Die Kartoffeln schälen und vierteln. 6 EL Wasser, Olivenöl, etwas Salz und Rosmarin in einem Topf erhitzen. Die Kartoffeln darin zugedeckt bei mittlerer Hitze 20 Min. garen.

2 Die Kartoffeln in ein Sieb abgießen, Sud auffangen. Den Sud mit der Hälfte der Erbsen und dem Frischkäse in einen Topf füllen und pürieren. Bei Bedarf noch etwas Wasser dazugeben. Mit Salz und Pfeffer würzen.

3 Die restlichen Erbsen unterrühren und erhitzen. Kartoffeln im Erbsenrahm servieren.

VARIANTE

Die Erbsen durch klein gewürfelte Möhren, Kohlrabi oder halbierte Zuckerschoten ersetzen. Gehaltvoller wird es mit Schinkenwürfeln.

KARTOFFELN mit Käsepaprika

FÜR 1 KIND UND 1 ERWACHSENEN

400 g neue Kartoffeln | Salz | 1 große rote Paprika | 1 TL Öl | 3 Scheiben Raclettekäse (75 g) | Pfeffer | edelsüßes Paprikapulver

Zubereitungszeit: 30 Min.
Insgesamt ca. 610 kcal, 26 g E, 27 g F, 64 g KH

1 Die Kartoffeln waschen und mit Schale in wenig Salzwasser ca. 20 Min. garen oder dämpfen. Abgießen, kurz ausdampfen lassen und pellen.

2 Inzwischen die Paprika waschen, halbieren, weiße Trennwände und Kerne entfernen und die Hälften klein würfeln. Das Öl in einer beschichteten Pfanne erhitzen und die Paprikawürfel darin 4–5 Min. anbraten. Die Käsescheiben auf die Paprika legen und bei kleiner Hitze zugedeckt schmelzen lassen. Mit Salz, Pfeffer und Paprikapulver würzen.

3 Den Käse-Paprika-Mix direkt aus der Pfanne über den Pellkartoffeln verteilen.

RÜBEN-KRÜMEL-RAGOUT

FÜR 1 KIND UND 1 ERWACHSENEN

2 kleine Butterrüben (300 g) | 1 kleine Zwiebel | 1 EL Öl | 100 g Rinderhackfleisch | Salz | Pfeffer | 120 g Buchweizen | ½ Bund Petersilie | 2 EL Schmand | Zitronensaft

Zubereitungszeit: 40 Min.

Insgesamt ca. 925 kcal, 38 g E, 36 g F, 109 g KH

1 Die Rüben schälen, halbieren und in dünne Scheiben hobeln. Die Zwiebel schälen und fein würfeln.

2 Das Öl in einem Topf erhitzen. Zwiebeln darin glasig dünsten. Das Hackfleisch dazugeben und krümelig braun braten, salzen und pfeffern.

3 Die Butterrüben und den Buchweizen bei mittlerer Hitze kurz mitschmoren. 200 ml Wasser angießen und bei geschlossenem Deckel 20 Min. köcheln lassen.

4 Die Petersilie waschen und trocken schütteln. Die Blätter abzupfen, hacken und mit Schmand und 1 Spritzer Zitronensaft unter das Ragout ziehen.

VARIANTE

Die Butterrüben durch Rote Bete, Möhren, Steckrüben oder Pastinaken ersetzen.

INFO

Die milden Butterrüben haben im Herbst Saison. Sie sind reich an wertvollen Ballaststoffen, Mineralstoffen, Vitamin C und Folsäure.

Saftiges KOHLRABI-Hähnchen

FÜR 1 KIND UND 1 ERWACHSENEN

500 g Kartoffeln | 1 Kohlrabi mit Grün | 150 g Hähnchenbrustfilet | Salz | Pfeffer | 1 EL Öl | 350 ml Gemüsebrühe | 2 EL Crème fraîche

Zubereitungszeit: 35 Min.

Insgesamt ca. 795 kcal, 47 g E, 30 g F, 79 g KH

1 Kartoffeln und Kohlrabi waschen, schälen und in kleine Würfel schneiden. Die Kohlrabistiele und die Blätter klein hacken. Das Hähnchenfleisch abbrausen, trocken tupfen, salzen und pfeffern.

2 Das Öl in einem Topf erhitzen und das Fleisch rundherum kräftig anbraten, herausnehmen und warm halten. Kartoffeln und Kohlrabi mit Stielen und Blättchen im Bratfett anbraten. Gemüsebrühe dazugießen, salzen und pfeffern und 15 Min. zugedeckt bei mittlerer Hitze bissfest garen.

3 Inzwischen das Hähnchenfleisch in Würfel schneiden, mit Crème fraîche zum Gemüse geben, aufkochen lassen, bis das Fleisch durchgegart ist, und mit Salz und Pfeffer mild abschmecken.

Lamm-SÜSSKARTOFFEL-Gulasch

FÜR 1 KIND UND 1 ERWACHSENEN

150 g mageres Lammfleisch | 1 Zwiebel | 300 g Süßkartoffeln | 2 EL Olivenöl | 1 Dose Tomaten (400 g) | 1 Msp. getrockneter Rosmarin | Salz | Pfeffer | Zitronensaft

Zubereitungszeit: 30 Min.

Insgesamt ca. 710 kcal, 40 g E, 28 g F, 73 g KH

1 Lammfleisch in ca. 1 cm große Würfel schneiden. Zwiebel schälen und fein hacken. Süßkartoffeln schälen und in 1 cm große Würfel schneiden.

2 Das Öl in einem Topf erhitzen und die Zwiebeln darin glasig andünsten. Lamm- und Süßkartoffelwürfel dazugeben und mitbraten. Tomaten und Rosmarin dazugeben, mit Salz und Pfeffer würzen.

3 Zugedeckt bei kleiner Hitze ca. 15 Min. schmoren. Bei Bedarf etwas Wasser dazugeben, am Ende mit 1 Spritzer Zitronensaft abschmecken.

TIPP

Lammfleisch liefert sehr viel Eisen, das wichtig für die Blutbildung ist. Allergiker vertragen es oft besser als andere Fleischsorten.

NUDELGLÜCK
mal vier!

KRAUT-PAPRIKA-NUDELN

FÜR 1 KIND UND 1 ERWACHSENEN

200 g Spitzkohl und 1 Paprika waschen, putzen und in schmale Streifen schneiden, in 1 EL Öl mit 1 TL edelsüßem Paprikapulver und Salz anbraten. Zugedeckt bei mittlerer Hitze ca. 15 Min. garen. Bei Bedarf etwas Wasser angießen. Inzwischen 120 g Bandnudeln nach Packungsanweisung kochen. 2 Scheiben Putenschinken würfeln, mit 2 EL Sahne und Nudeln unter das Gemüse mischen. Bei Bedarf noch etwas Nudelwasser dazugeben.

Zubereitungszeit: 20 Min.
Insgesamt ca. 715 kcal, 29 g E, 21 g F, 101 g KH

LINSENNUDELN IN VEGGIESAUCE

FÜR 1 KIND UND 1 ERWACHSENEN

50 g Sojaschnetzel mit 100 ml Gemüsebrühe überbrühen und 10 Min. quellen lassen. 1 kleine Zwiebel schälen und würfeln. 150 g Linsennudeln nach Packungsanweisung bissfest kochen. Zwiebel in 1 EL Öl andünsten. Sojaschnetzel dazugeben und mitbraten. 250 g passierte Tomaten und 1 EL Sahne angießen und einmal aufkochen. Die Linsennudeln unter die Veggiesauce mischen, 3 Stängel Basilikum mit der Schere darüberschnippeln.

Zubereitungszeit: 20 Min.
Insgesamt ca. 575 kcal, 41 g E, 21 g F, 54 g KH

MÖHRENHÖRNCHEN

FÜR 1 KIND UND 1 ERWACHSENEN

150 g Hörnchennudeln nach Packungsanweisung kochen. Inzwischen 300 g Möhren waschen, schälen und in dünne Scheiben hobeln. 30 g Mandeln hacken. 1 EL Rapsöl in einer Pfanne erhitzen. Mandeln, ½ TL Currypulver und die Möhren darin anbraten. 200 ml Wasser dazugießen, salzen. Zugedeckt bei mittlerer Hitze 8–10 Min. garen. Die Möhren mit 1 EL Sahne, 1 TL Honig und den Nudeln mischen. Bei Bedarf etwas Nudelwasser dazugeben, abschmecken.

Zubereitungszeit: 20 Min.
Insgesamt ca. 990 kcal, 30 g E, 34 g F, 131 g KH

FROSCHNUDELN

FÜR 1 KIND UND 1 ERWACHSENEN

120 g Spaghetti nach Packungsanweisung in Salzwasser bissfest kochen und abgießen, etwas Sud aufheben. Inzwischen 1 Bund Basilikum waschen, trocken schütteln und samt Stielen fein hacken. 200 g Kichererbsen (Dose) und 2 EL Erdnussmus pürieren und so viel Nudelwasser dazugeben, dass eine cremige Sauce entsteht. Alles unter Rühren erhitzen. Die Sauce mit Salz und Pfeffer würzen, mit den Spaghetti anrichten.

Zubereitungszeit: 20 Min.
Insgesamt ca. 760 kcal, 31 g E, 20 g F, 111 g KH

Lauter schnelle Nudelgerichte mit extra viel verstecktem Gemüse, die in 20 Minuten auf dem Tisch stehen. Das Eiweiß kommt von Nüssen, Hülsenfrüchten und Schinken.

ONE-POT-PASTA
mit Krabben

FÜR 1 KIND UND 1 ERWACHSENEN

100 g geschälte Krabben (frisch oder TK) | 150 g Möhren | 1 Fenchelknolle | 3 EL Rapsöl | 400 ml Tomatensaft | Salz | Pfeffer | 1 TL Honig | 120 g Hörnchennudeln | 3 Stängel Petersilie | 100 ml Orangensaft

Zubereitungszeit: 25 Min.

Insgesamt ca. 970 kcal, 39 g E, 35 g F, 121 g KH

1 TK-Krabben auftauen lassen. Das Gemüse waschen. Die Möhren schälen, den Fenchel putzen und beides sehr fein hobeln oder raspeln.

2 Das Öl in einem Topf erhitzen, das Gemüse darin andünsten. Den Tomatensaft angießen und mit Salz, Pfeffer und Honig abschmecken. Die Nudeln dazugeben und nach Packungsanweisung bissfest garen, gelegentlich umrühren.

3 Petersilie waschen und trocken schütteln. Blättchen abzupfen und fein hacken. Wenn die Nudeln gar sind, Orangensaft und Krabben dazugeben. Kurz aufkochen lassen, mit Petersilie bestreuen und servieren.

INFO

Die milden Krabben schmecken den meisten Kindern. Sie enthalten viel Eiweiß und sind reich an Zink, Eisen, Fluor und Jod – wichtig für ein gesundes Wachstum. Die Säfte liefern reichlich Betakarotin und Vitamin C und ergänzen so das Gemüse.

FISCH-NUGGETS

FÜR 1 KIND UND 1 ERWACHSENEN

1 Ei (S) | 40 g Mehl (Type 1050) | 50 ml Mineralwasser | Salz | Pfeffer | 2 EL Zitronensaft | 100 g Möhren | 200 g Seelachs | 3 EL Rapsöl zum Ausbacken | Mehl zum Wenden

Zubereitungszeit: 35 Min.

Insgesamt ca. 770 kcal, 52 g E, 39 g F, 52 g KH

1 Das Ei, Mehl und Mineralwasser zu einem dünnflüssigen Teig verrühren. Mit Salz, Pfeffer und Zitronensaft würzen. Die Möhren waschen, schälen und direkt in die Teigschüssel raspeln.

2 Das Fischfilet abbrausen, mit Küchenpapier trocken tupfen und in mundgerechte Stücke schneiden.

3 Das Öl in einer kleinen Pfanne erhitzen. Die Fischnuggets erst im Mehl, dann im Teig wenden und im heißen Fett goldbraun backen. Auf Küchenpapier entfetten. Dazu passt Salat und ein Dip aus Joghurt und gehackten Kräutern.

TIPP

Den Teig mit Vollkornmehl zubereiten, das liefert zusätzliche Vitamine, Mineral- und Ballaststoffe.

Roter Blitz-COUSCOUS

FÜR 1 KIND UND 1 ERWACHSENEN

200 g Möhren | 1 TL Rapsöl | 100 g Hackfleisch | Salz | edelsüßes Paprikapulver | 300 ml Tomatensaft | 120 g Couscous | 200 g Kirschtomaten

Zubereitungszeit: 20 Min.

Insgesamt ca. 850 kcal, 41 g E, 26 g F, 111 g KH

1 Die Möhren waschen, schälen und grob raspeln.

2 Das Öl in einem Topf erhitzen und das Hackfleisch darin krümelig braun braten. Die Möhrenraspel einrühren und das Hackfleisch mit Salz und Paprikapulver würzen.

3 Den Tomatensaft angießen. Den Couscous unterrühren und alles einmal aufkochen lassen. Den Topf vom Herd nehmen und ca. 5 Min. quellen lassen.

4 Die Tomaten waschen und halbieren. Unter den Couscous mischen und kurz heiß werden lassen, servieren.

VARIANTE

Statt Hackfleisch 2 EL geröstete Pinienkerne und 2 gewürfelte Soft-Aprikosen untermischen.

Zucchini-HÄHNCHEN-RISOTTO

FÜR 1 KIND UND 1 ERWACHSENEN

120 g Hähnchenbrustfilet | 1 EL Rapsöl | Salz | Pfeffer | 120 g Risottoreis | 300 ml Hühnerbrühe | 400 g Zucchini

Zubereitungszeit: 30 Min.

Insgesamt ca. 715 kcal, 39 g E, 15 g F, 103 g KH

1 Das Hähnchenfleisch abbrausen, trocken tupfen und in Würfel schneiden. Das Öl in einer Pfanne erhitzen und das Fleisch darin knusprig braun braten, mit Salz und Pfeffer würzen und in einer Schale mit Deckel warm halten.

2 Reis im Bratfett unter Rühren glasig dünsten. Die Brühe dazugeben und 15 Min. köcheln lassen, bis sie fast ganz verkocht ist, dabei öfter rühren.

3 Inzwischen die Zucchini waschen und in Julienne-Streifen hobeln, unter das Risotto mischen, aufkochen und 2 Min. ziehen lassen. Dann das Fleisch unterziehen und abschmecken.

VARIANTE

Zucchini durch geraspelte Möhren oder Kürbis ersetzen und zusammen mit dem Fleisch anbraten. Vegetarisch wird es mit 3 EL geriebenem Parmesan, 2 EL gerösteten Pinienkernen und Gemüsebrühe.

Goldene POLENTA mit Peperonata

FÜR 1 KIND UND 1 ERWACHSENEN

300 ml Gemüsebrühe | 200 ml Milch | edelsüßes Paprikapulver | 120 g Polenta (Maisgrieß) | 100 g körniger Frischkäse | 2 Paprika (400 g) | 1 kleine Zwiebel | 1 EL Olivenöl | 1 EL Tomatenmark | Salz | Pfeffer | 15 g schwarze Oliven

Zubereitungszeit: 30 Min.

Insgesamt ca. 910 kcal, 31 g E, 27 g F, 130 g KH

1 Brühe, Milch, Paprikapulver und Polenta in einem Topf aufkochen lassen. Bei kleiner Hitze 15 Min. köcheln lassen, dabei ab und zu umrühren. Vom Herd nehmen und den Frischkäse unterziehen.

2 Für die Sauce beide Paprika waschen, halbieren, weiße Trennwände und Kerne entfernen und in Würfel schneiden. Die Zwiebel schälen und fein würfeln. Das Öl erhitzen, die Zwiebeln und die Paprikawürfel darin andünsten. Mit Paprikapulver, Tomatenmark, Salz und Pfeffer würzen. Zugedeckt bei mittlerer Hitze 10 Min. schmoren lassen. Bei Bedarf etwas Wasser dazugeben.

3 Die Oliven entsteinen, grob hacken und unter die Paprika ziehen. Die Sauce abschmecken und zur Polenta reichen.

GRAUPENRISOTTO mit Konfetti

FÜR 1 KIND UND 1 ERWACHSENEN

1 kleine Zwiebel | 150 g Kohlrabi | 2 Möhren | 1 EL Öl | 100 g Gerstengraupen | 500 ml Gemüsebrühe | 3 EL TK-Erbsen | 2 EL Schmand | 30 g geriebener Parmesan

Zubereitungszeit: 30 Min.

Insgesamt ca. 805 kcal, 32 g E, 30 g F, 97 g KH

1 Die Zwiebel schälen und fein würfeln. Kohlrabi und Möhren waschen, schälen und grob raspeln.

2 Das Öl in einem Topf erhitzen und die Zwiebeln darin andünsten. Die Graupen dazugeben und erhitzen, bis die Körner leicht glasig sind. Dann Möhren und Kohlrabi dazugeben und kurz mitbraten, die Gemüsebrühe dazugießen. Das Graupenrisotto bei mittlerer Hitze 20 Min. köcheln lassen, dabei öfter umrühren.

3 Erbsen und Schmand mit dem Parmesan untermischen.

INFO

Gerste wird zu Graupen geschliffen. Dabei werden die Außenschichten zum Großteil entfernt, der Anteil an Ballaststoffen sinkt zwar, aber die Verträglichkeit steigt.

FINGERDINGER
aus der Pfanne

FÜR 1 KIND UND 1 ERWACHSENEN

400 g neue Kartoffeln | 150 g Putenschnitzel | Salz | Pfeffer | 1 Ei | 2 EL Mehl (Type 1050) | 3 EL Semmelbrösel | Öl zum Braten

Zubereitungszeit: 30 Min.

Insgesamt ca. 840 kcal, 56 g E, 29 g F, 88 g KH

1 Die Kartoffeln waschen, schälen und in schmale Spalten schneiden, sie sollten nicht breiter als 2 cm sein, sonst werden sie nicht gar. In eine große Pfanne bodenbedeckend Öl gießen, erhitzen und die Spalten darin bei mittlerer Hitze braten. Mehrmals wenden.

2 Inzwischen das Schnitzel flach klopfen und in kleinere Stücke teilen. Das Fleisch mit Salz und Pfeffer leicht würzen. Das Ei auf einem Teller verquirlen. Mehl und Semmelbrösel auf zwei weitere Teller verteilen. Die Schnitzel erst in Mehl, dann im Ei und danach in den Semmelbröseln wälzen.

3 Das Fleisch zu den Kartoffeln geben und beides bei mittlerer Hitze weitere 10 Min. braten. Bei Bedarf etwas Öl dazugeben.

4 Die fertigen Kartoffeln und Schnitzelchen auf Küchenpapier kurz entfetten. Die Kartoffeln salzen. Dazu passt ein knackiger Salat und Tomatensalsa.

BLITZ-TIPP

Mit gekochten Kartoffeln vom Vortag und Fleisch ohne Panierung ist das Gericht in 10 Min. fertig.

KNABBERBEINE
mit Erdnusssauce

FÜR 1 KIND UND 1 ERWACHSENEN

2 kleine Hähnchenschenkel | Salz | Pfeffer | 2 EL Mehl | 2 EL Öl | 1 kleine Zwiebel | 30 g Erdnusskerne | 125 g passierte Tomaten

Zubereitungszeit: 30 Min.

Insgesamt ca. 810 kcal, 49 g E, 58 g F, 24 g KH

1 Hähnchenschenkel abbrausen und trocken tupfen. Salz, Pfeffer und Mehl in einem Gefrierbeutel mischen. Das Fleisch in den Beutel geben und so lange schütteln, bis das Fleisch von allen Seiten mit Mehl ummantelt ist.

2 1 EL Öl in einer Pfanne erhitzen, die Hähnchenschenkel darin in ca. 10 Min. goldbraun ausbacken, einmal wenden. Auf Küchenpapier entfetten.

3 Inzwischen die Zwiebel schälen und fein würfeln, die Erdnüsse hacken. 1 EL Öl in einer Pfanne erhitzen, Erdnüsse und Zwiebeln darin ca. 2 Min. anbraten. Die Tomaten unterrühren. Die Sauce bei mittlerer Hitze etwas einkochen lassen, mit Salz und Pfeffer würzen. Dazu passen Reis oder Brot und ein bunter Salat.

VARIANTE

Sättigender wird die Sauce mit 150 g abgetropften Kichererbsen. Oder Sie gießen erst 150 ml Hühnerbrühe zur Erdnusspfanne, geben 80 g rote Linsen dazu und die Tomaten erst nach 5 Min.

Mozzarella-BRÖTCHEN

FÜR 1 KIND UND 1 ERWACHSENEN

1 Bund Basilikum | 20 g Nüsse oder Kerne (z. B. Haselnüsse, Walnüsse, Pinienkerne) | 1 EL Olivenöl | 2 Vollkornbrötchen | 100 g Kirschtomaten | 1 Paprika | 2 EL Tomatenmark | Pfeffer | 6 Mini-Mozzarella (60 g)

Zubereitungszeit: 20 Min.

Insgesamt ca. 805 kcal, 29 g E, 37 g F, 75 g KH

1 Backofen auf 200° vorheizen. Basilikum und Nüsse hacken und mit dem Öl im Mixer zu einem feinen Pesto pürieren. Vollkornbrötchen aufschneiden, die Krume eindrücken und mit Pesto bestreichen.

2 Die Kirschtomaten waschen und vierteln. Die Paprika waschen, halbieren, weiße Trennwände und Kerne entfernen und in kleine Würfel schneiden. Beides mit Tomatenmark und Pfeffer mischen. In die Brötchenhälften füllen.

3 Die Mozzarellakugeln halbieren und auf den Brötchen verteilen. Im heißen Ofen (Mitte) in 5–6 Min. überbacken.

Bunte TOASTIES

FÜR 1 KIND UND 1 ERWACHSENEN

1 kleine Paprika | 2 Frühlingszwiebeln | 1 kleiner Zucchino | 4 Scheiben Vollkorntoast | 2 TL Öl | Salz | Pfeffer | 4 EL geriebener Käse | 20 g Kürbiskerne

Zubereitungszeit: 15 Min.

Insgesamt ca. 605 kcal, 29 g E, 32 g F, 49 g KH

1 Die Paprika halbieren, weiße Trennwände und Kerne entfernen und klein würfeln. Die Frühlingszwiebeln waschen, putzen und in dünne Ringe schneiden. Den Zucchino waschen, die Enden abschneiden und mit dem Sparschäler längs in feine Streifen hobeln. Toastbrot toasten.

2 Paprika und Frühlingszwiebeln in einer Schüssel mit 1 TL Öl mischen und mit Salz und Pfeffer würzen. Auf zwei Toasts verteilen und mit der Hälfte des Käses bestreuen.

3 Die Zucchinistreifen mit dem restlichen Öl und den Kürbiskernen mischen, mit Salz und Pfeffer würzen. Auf übrige Toasts verteilen, mit dem übrigen Käse bestreuen.

4 Die Toasts auf dem Blech unter dem heißen Backofengrill in 2–3 Min. überbacken.

MÖHRENWRAP

FÜR 1 KIND UND 1 ERWACHSENEN

100 g Mehl (Type 1050) | Salz | 1 TL Öl | 1 Tomate | 4 Blätter Eisbergsalat | 4 zarte Möhren | 100 g Hummus | 100 g Maiskörner (frisch oder aus der Dose) | Mehl zum Arbeiten

Zubereitungszeit: 20 Min.

Insgesamt ca. 980 kcal, 29 g E, 38 g F, 128 g KH

1 Mehl und 1 Prise Salz mit ca. 90 ml Wasser zu einem festen Teig verkneten. Mit dem Öl benetzen und ruhen lassen.

2 Die Tomate und die Salatblätter waschen. Die Tomate würfeln, den Salat klein zupfen. Die Möhren waschen und bei Bedarf schälen.

3 Den Teig in 4 Portionen teilen und mit dem Nudelholz auf wenig Mehl zu hauchdünnen Fladen rollen. Nacheinander je 1 Fladen in eine heiße Pfanne legen, von jeder Seite 1–2 Min. backen, dabei immer wieder andrücken. Sofort auf Backpapier legen und mit dem Papier zusammenrollen.

4 Die fertigen Fladen entrollen, mit Hummus bestreichen, mit Tomaten, Salat und Mais belegen. Je 1 Möhre an den unteren Rand legen und den Wrap fest aufrollen.

STREIFENBROT

FÜR 1 KIND UND 1 ERWACHSENEN

2 getrocknete Tomaten in Öl | 100 g Magerquark | Salz | edelsüßes Paprikapulver | 2 große Scheiben Bauernbrot | 1 reife Avocado | 1 EL Zitronensaft | 2 EL Schnittlauchröllchen

Zubereitungszeit: 10 Min.

Insgesamt ca. 680 kcal, 26 g E, 37 g F, 57 g KH

1 Die Tomaten abtropfen lassen und sehr fein hacken, mit Quark, jeweils 1 Prise Salz und Paprikapulver verrühren und die Brotscheiben damit bestreichen.

2 Die Avocado halbieren, den Kern entfernen, die Hälften schälen, quer in dünne Scheiben schneiden und in Streifen auf dem Brot verteilen. Mit Zitronensaft beträufeln und mit Schnittlauch bestreuen.

INFO

Das Eiweiß vom Quark und das pflanzliche Fett der Avocado ergänzen sich bestens mit den Kohlenhydraten aus dem Brot. Das macht lange satt!

KNÖDELCHEN
mit Möhren-Bolo

FÜR 1 KIND UND 1 ERWACHSENEN

2 Brötchen vom Vortag | 100 ml Milch | 1 Ei | frisch geriebene Muskatnuss | 3 EL gehackte Petersilie | 2 Möhren | 1 Zwiebel | 2 EL Rapsöl | 150 g Rinderhackfleisch | Salz | 2 EL Tomatenmark | 2 EL Sahne | Pfeffer

Zubereitungszeit: 30 Min.

Insgesamt ca. 1100 kcal, 58 g E, 59 g F, 81 g KH

1 Die Brötchen in feine Scheiben schneiden. Die Milch mit Ei, Muskat und Petersilie verquirlen, über das Brot gießen und quellen lassen. Wenn die Masse zu trocken ist, noch etwas Milch dazugeben.

2 Die Möhren waschen, schälen und grob raspeln. Die Zwiebel schälen und fein würfeln. Das Öl erhitzen, Zwiebelwürfel und Möhrenraspel darin andünsten. Das Hackfleisch dazugeben und mitbraten.

3 Salz und Tomatenmark hinzufügen und alles weitergaren, bis die Flüssigkeit verkocht ist. 100 ml Wasser angießen, den Deckel auflegen und alles bei mittlerer Hitze schmoren.

4 Inzwischen reichlich Salzwasser zum Kochen bringen. Aus dem Brotteig mit feuchten Händen ca. 10 kleine Knödel formen. Ins sprudelnd kochende Wasser geben. Die Hitze reduzieren und die Knödel offen ziehen lassen, bis sie nach ca. 8 Min. an die Oberfläche kommen.

5 Die Sauce mit Sahne, Salz und Pfeffer abschmecken, zu den Knödeln reichen.

KÄSETALER
mit Dip

FÜR 1 KIND UND 1 ERWACHSENEN

100 ml Milch | 2 Brötchen vom Vortag | ½ Bund Petersilie | 30 g Parmesan | 1 Ei | Salz | Pfeffer | frisch geriebene Muskatnuss | 3 EL Rapsöl

Zubereitungszeit: 30 Min.

Insgesamt ca. 880 kcal, 33 g E, 51 g F, 73 g KH

1 Die Milch lauwarm erhitzen, die Brötchen darin einweichen. Die Petersilie waschen, trocken schütteln und fein hacken. Den Parmesan reiben. Die Brötchen mit dem Ei, Petersilie und Parmesan zu einem Teig mischen. Ist der Teig zu fest, noch etwas Milch dazugeben. Mit Salz, Pfeffer und Muskat würzen.

2 Aus dem Teig kleine Frikadellen formen, im heißen Fett von beiden Seiten goldbraun braten. Mit Salat und selbst gemachtem Ketchup (siehe S. 104) servieren.

TIPP

Ist der Teig zu weich, können Sie ihn mit Semmelbröseln andicken. Besonders knusprig werden die Puffer, wenn sie vor dem Braten zusätzlich in Semmelbröseln gewendet werden.

Knusprige APFELRINGE mit Vanillesauce

FÜR 1 KIND UND 1 ERWACHSENEN

70 g Mehl (Type 1050) | 250 ml Milch | 1 Ei | Salz | 2 EL Kokosblütenzucker | 3 EL Mineralwasser | 1 EL Speisestärke | 1 Päckchen Vanillezucker | 1 Msp. gemahlene Kurkuma | 2 kleine Äpfel | 1 EL Rapsöl | 1 EL Butter | Puderzucker (nach Belieben) | Zimtpulver (nach Belieben)

Zubereitungszeit: 30 Min.

Insgesamt ca. 885 kcal, 24 g E, 40 g F, 106 g KH

1 Mehl, 50 ml Milch, Ei, Salz, 1 EL Zucker und Mineralwasser zu einem dickflüssigen Teig verrühren und ca. 15 Min. quellen lassen.

2 Inzwischen für die Vanillesauce Stärke, übrigen Zucker, Vanillezucker und Kurkuma (für die Farbe) mit 3 EL Milch glatt rühren. Übrige Milch zum Kochen bringen. Die angerührte Stärke einrühren, aufkochen lassen und die Sauce beiseitestellen.

3 Die Äpfel waschen und trocken reiben, die Kerngehäuse ausstechen und die Äpfel in ca. 2 cm dicke Scheiben schneiden.

4 Rapsöl und Butter in einer Pfanne erhitzen. Apfelringe portionsweise durch den Teig ziehen und bei mittlerer Hitze von beiden Seiten goldbraun backen. Mit der warmen oder abgekühlten Vanillesauce servieren. Wer mag, kann Puderzucker und Zimtpulver über die Apfelringe stäuben.

Bananen-Grieß-FRISBEES

FÜR 1 KIND UND 1 ERWACHSENEN

200 ml Milch | 80 g Dinkelgrieß | Salz | 1 reife Banane | 100 g Magerquark | ½ TL Zimtpulver | 1 EL Zucker | 2 EL Rapsöl | 200 g Obst der Saison (z. B. Erdbeeren, Himbeeren, Nektarinen, Trauben, Apfel)

Zubereitungszeit: 25 Min.

Insgesamt ca. 835 kcal, 33 g E, 30 g F, 105 g KH

1 Milch im Topf zum Kochen bringen. Grieß und Salz unter Rühren einstreuen, einmal aufkochen lassen und vom Herd nehmen, einige Minuten quellen lassen.

2 Die Banane schälen und mit der Gabel zerdrücken. Mit Quark und Grießbrei zu einem glatten Teig verrühren. Kurz ruhen lassen, dann aus der Masse mit feuchten Händen runde Plätzchen formen. Zimtpulver und Zucker in einem kleinen Schälchen mischen.

3 Das Öl in einer beschichteten Pfanne erhitzen. Die Plätzchen darin bei mittlerer Hitze von beiden Seiten goldbraun ausbacken. Auf Küchenpapier entfetten.

4 Das Obst waschen, klein schneiden und alles zu einem Obstsalat mischen. Die Frisbees mit Zimt-Zucker und Obstsalat servieren.

Kartoffel-Kürbis-PLÄTZCHEN

FÜR 1 KIND UND 1 ERWACHSENEN

250 g mehligkochende Kartoffeln | 250 g Kürbis | 50 g Mehl (Type 1050) | 1 Ei | Salz | 1 EL Zucker | ½ TL gemahlene Vanille | ½ TL abgeriebene Bio-Zitronenschale | 1 EL Rapsöl | Puderzucker zum Bestäuben

Zubereitungszeit: 50 Min.
Pro Portion ca. 745 kcal, 20 g E, 18 g F, 130 g KH

1 Die Kartoffeln gar kochen, kurz ausdampfen lassen, pellen und durch eine Kartoffelpresse drücken.

2 Den Kürbis in Spalten schneiden. Kerne und Fasern entfernen und den Kürbis schälen. Das Fruchtfleisch auf der Rohkostreibe oder mit der Küchenmaschine fein raspeln.

3 Kartoffeln, Kürbis, Mehl, Ei, Salz, Zucker, Vanille und Zitronenschale rasch zu einem Teig verkneten. 10 Min. durchziehen lassen.

4 Den Kartoffelteig zu kleinen Plätzchen formen. Das Öl in einer Pfanne erhitzen und die Plätzchen darin von beiden Seiten goldbraun ausbacken. Mit Puderzucker bestäuben.

TIPP

Schmeckt besonders gut mit Zwetschgenmus (siehe S. 42)

SCHOKO-BLINI

FÜR 1 KIND UND 1 ERWACHSENEN

100 g Buchweizenmehl | 250 ml Joghurt | 1 TL Trockenhefe | Salz | 2 EL Honig | 1 TL Kakaopulver | 1 Birne | 100 g Brombeeren | 1 Msp. gemahlene Vanille | 2 EL Rapsöl

Zubereitungszeit: 30 Min. | Ruhezeit: 30 Min.
Insgesamt ca. 935 kcal, 25 g E, 34 g F, 127 g KH

1 Das Mehl mit der Hälfte des Joghurts anrühren. 50 ml heißes Wasser einrühren. Hefe, Salz und 1 EL Honig dazugeben. Kakao untermischen und den Teig an einem warmen Ort abgedeckt 30 Min. gehen lassen.

2 Den übrigen Honig mit dem übrigen Joghurt glatt rühren. Die Birne waschen, vierteln und in schmale Spalten schneiden. Die Brombeeren waschen und verlesen. Beides mit Vanille mischen.

3 Das Öl in einer Pfanne erhitzen und mit einer Kelle kleine Puffer hineinsetzen. Bei mittlerer Hitze backen. Sobald die Unterseite gebräunt ist, wenden und bei kleiner Hitze fertigbacken. Blini warm halten. Auf diese Weise den restlichen Teig ausbacken.

4 Obst und Honigjoghurt zu den Blini servieren.

Müsli-Apfel-SCHMARREN

FÜR 1 KIND UND 1 ERWACHSENEN

50 g Müsli (z. B. Prep-Müsli-Mix S. 51) | 50 ml Milch | 2 Eier (S) | 50 g Vollkornmehl | 50 g Joghurt | Salz | 1 TL Zucker | 2 kleine Äpfel | 2 Soft-Datteln | 1 EL Butter | Puderzucker zum Bestäuben

Zubereitungszeit: 20 Min.

Insgesamt ca. 835 kcal, 29 g E, 29 g F, 113 g KH

1 Das Müsli mit der Milch übergießen und quellen lassen. Die Eier trennen. Eigelbe mit Mehl, Joghurt, 1 Prise Salz und Zucker cremig rühren.

2 Die Äpfel waschen, vierteln und das Kerngehäuse entfernen. Die Viertel in dünne Scheiben schneiden. Die Datteln fein hacken. Beides mit dem Müsli und dem Ei-Joghurt-Mix mischen. Eiweiße steif schlagen und unterziehen.

3 Butter in einer Pfanne erhitzen, den Teig hineingießen und zugedeckt bei kleiner Hitze ca. 5 Min. backen, mit zwei Gabeln zerreißen und in 5 Min. rundherum fertig braten. Mit Puderzucker bestäubt servieren.

VARIANTE

Statt Äpfel passen auch Zwetschgen oder Aprikosen oder 40 g Getreideflocken und 10 g gehackte Nüsse statt Müsli.

BEEREN im Bademantel

FÜR 1 KIND UND 1 ERWACHSENEN

200 g gemischte Beeren | 1 EL Zitronensaft | 1 EL Fruchtaufstrich | 2 Eier | 120 ml Buttermilch | 1 EL Zucker | 50 g Mandelmehl (Bio-Laden) | 50 g Mehl (Type 1050) | Salz | 2 EL Rapsöl | Puderzucker zum Bestäuben (nach Belieben)

Zubereitungszeit: 25 Min.

Insgesamt ca. 895 kcal, 45 g E, 41 g F, 86 g KH

1 Die Beeren waschen und mit dem Zitronensaft mischen. Die Hälfte der Beeren mit dem Fruchtaufstrich vermischen und fein pürieren.

2 Die Eier trennen. Die Eigelbe mit Buttermilch, Zucker, Mandelmehl und Mehl verrühren. Die Eiweiße mit 1 Prise Salz steif schlagen und vorsichtig unter den Teig ziehen.

3 Das Öl in einer beschichteten Pfanne erhitzen und darin aus dem Teig nacheinander bei kleiner Hitze 2 Omeletts backen. Einmal wenden, zwischendurch Deckel auflegen.

4 Jedes Omelett mit Beeren und Beerenpüree füllen, zusammenklappen, nach Belieben mit Puderzucker bestäuben und sofort servieren.

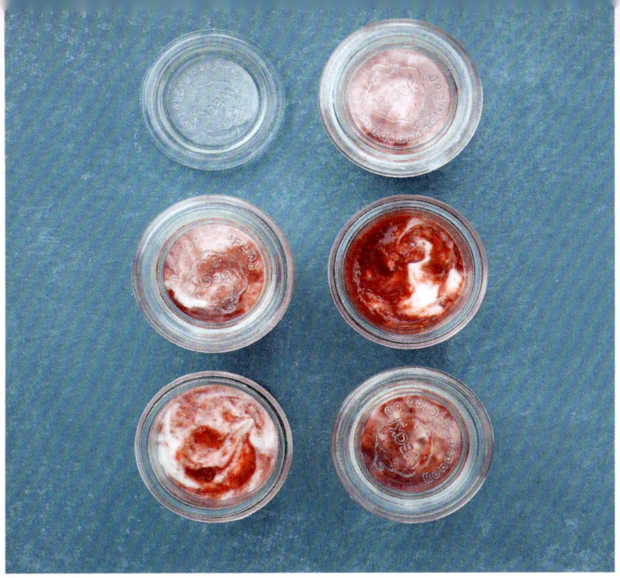

Zwergen-FRÜCHTE-QUARK

FÜR 6 KINDER

100 g TK-Himbeeren | 100 g Honigmelone |
250 g Skyr (isländischer Magerquark;
ersatzweise Joghurt oder Quark) | 2 EL Honig
Zubereitungszeit: 10 Min.
Pro Portion ca. 55 kcal, 5 g E, 0 g F, 8 g KH

1 Die Himbeeren leicht antauen lassen. Die Honigmelone schälen, entkernen und in kleine Stücke schneiden.

2 Die Himbeeren und die Honigmelone mit einem Pürierstab fein pürieren. Wenn die Kinder die Kerne nicht mögen, die Masse durch ein Sieb streichen.

3 Skyr mit dem Fruchtpüree und dem Honig vermengen. Früchtequark auf 6 Portionsschälchen verteilen und abgedeckt kalt stellen.

VARIANTE

Für Zwergen-Apfel-Quark 2 Äpfel vierteln, schälen, das Kerngehäuse entfernen und die Viertel klein schneiden. Die Apfelstücke mit dem Saft 1 Limette pürieren. Das Püree unter den Quark mischen und mit Apfeldicksaft oder Honig süßen.

Mini-GRIESSPUDDING

FÜR 6 KINDER

150 ml Milch | 150 ml heller Traubensaft |
1 Prise gemahlene Vanille | 30 g Vollkorngrieß
Zubereitungszeit: 10 Min. | Kühlzeit: 3 Std.
Pro Portion ca. 90 kcal, 3 g E, 1 g F, 16 g KH

1 Milch, Saft und Vanille zum Kochen bringen. Den Grieß einrieseln lassen und unter Rühren ca. 5 Min. kochen, bis er andickt.

2 6 kleine Förmchen oder Tassen (100 ml Inhalt) mit kaltem Wasser ausschwenken. Den Pudding einfüllen und kalt stellen. Soll der Pudding gestürzt werden, muss er mind. 3 Std. durchkühlen. Dazu passen frische Früchte oder eine Fruchtsauce, z. B. aus pürierten Erdbeeren.

TIPP

Wenn Sie den Pudding weiterrühren, bis er abgekühlt ist, vermeiden Sie die Bildung einer Puddinghaut. Dazu die Schüssel am besten in eine zweite, größere Schüssel mit eiskaltem Wasser stellen – dann geht es schneller. Gehackte Nüsse liefern wichtige Fettsäuren und geben dem Pudding einen nussigen Geschmack.

APFELMUS

FÜR 6 KINDER

3 Äpfel | 100 ml Traubensaft | 1 TL Zitronensaft | ½ Stange Zimt | 6 TK-Himbeeren zum Anrichten

Zubereitungszeit: 25 Min.

Pro Portion ca. 80 kcal, 1 g E, 0 g F, 17 g KH

1 Die Äpfel waschen, schälen, vierteln und die Kerngehäuse entfernen. Die Apfelspalten in kleine Stücke schneiden.

2 Die Äpfel mit dem Traubensaft, dem Zitronensaft und der Zimtstange aufkochen. Bei mittlerer Hitze 10–15 Min. zugedeckt köcheln lassen, bis die Äpfel zerfallen.

3 Die Zimtstange entfernen. Das Apfelmus auf 6 Schälchen verteilen und kalt stellen. Vor dem Servieren je 1 gefrorene Himbeere in das Apfelmus setzen. Passt gut zu Pfannkuchen, Kartoffelpuffern oder Armen Rittern.

TIPP

Wenn Ihr Kind das Apfelmus ganz fein mag, streichen Sie die Äpfel nach dem Kochen durch ein Sieb.

MILCHREIS *mit Aprikosen*

FÜR 6 KINDER

4 getrocknete Aprikosen | 300 ml Milch | 60 g Milchreis | 1 Prise Zimtpulver | 1 Apfel

Zubereitungszeit: 40 Min.

Pro Portion ca. 90 kcal, 3 g E, 2 g F, 15 g KH

1 Die getrockneten Aprikosen klein schneiden. Einen Topf mit kaltem Wasser ausschwenken. Die Milch mit Reis, Zimtpulver und Aprikosen zum Kochen bringen.

2 Den Reis bei kleiner Hitze zugedeckt 20 Min. quellen lassen. Ab und zu umrühren.

3 Den Apfel waschen, vierteln, schälen und das Kerngehäuse entfernen. Die Apfelspalten raspeln, unter den Reis mischen und weitere 10 Min. bei kleiner Hitze ziehen lassen.

VARIANTE

Statt getrockneter Aprikosen eignet sich auch anderes Trockenobst, wie Rosinen oder Datteln, für den Milchreis.

Lieblings-
WAFFELN

FÜR CA. 4 WAFFELN ODER 20 WAFFELHERZEN

50 g weiche Butter
1 Ei
1 TL Honig
1 Msp. Backpulver
Salz
100 g Vollkorn-Dinkelmehl
50 g gemahlene Haselnüsse
200 ml Milch (ersatzweise Pflanzendrink)
etwas Öl oder Butter für das Waffeleisen
Puderzucker (nach Belieben)

Zubereitungszeit: 30 Min.
Pro Waffelherz ca. 75 kcal, 2 g E, 5 g F, 4 g KH

1 Die Butter mit dem Ei und dem Honig schaumig schlagen. Backpulver, 1 Prise Salz, das Mehl und die Haselnüsse mischen.

2 Die Mehlmischung und die Milch nach und nach im Wechsel unter die Eimasse rühren. Den Teig ca. 10 Min. quellen lassen.

3 Inzwischen das Waffeleisen vorheizen, die Backfläche sparsam einfetten. Portionsweise 3–4 EL Teig in die Mitte des Waffeleisens geben, Deckel schließen und die Waffeln in ca. 3–5 Min. goldbraun ausbacken. So viele Waffeln backen, bis der Teig verbraucht ist.

4 Die Waffeln nach Belieben mit Puderzucker bestäuben und warm oder kalt servieren.

VARIANTE

Glutenfrei wird es mit 100 g Maismehl. Dann zusätzlich 100 g Raspelmöhren unterziehen: Dadurch wird der Teig saftiger.
Für süße Waffeln die Milch durch hellen Traubensaft ersetzen und nach Belieben helleres 1050er Mehl verwenden. Die Nüsse können auch durch Mehl ersetzt werden. Saftiger werden die Waffeln mit 100 g geriebenen Möhren, Süßkartoffeln oder Äpfeln. Im letzten Fall dann am besten Apfelsaft statt Milch nehmen.
Für pikante Waffeln Honig weglassen und kräftiger würzen, z. B. mit Curry- oder Paprikapulver oder gehacktem Rosmarin. Als weitere Zutaten eignen sich Parmesan, gehackte getrocknete Tomaten, Olivenringe, Schinkenwürfel oder Röstzwiebeln.

Rezepte für 4

FAMILIEN-

Essen

KRAFTSUPPE
auf Vorrat

FÜR 8 PORTIONEN

1 kg Rinderbeinscheiben (ersatzweise Suppenfleisch) | Salz | 2 Zwiebeln | 4 Nelken | 1 Stange Lauch | 3 Möhren | 1 Knolle Sellerie mit Grün | 2 Lorbeerblätter | je 1 TL Piment- und Pfefferkörner | 2 Zweige Thymian | Sojasauce

Zubereitungszeit: 40 Min. | Kochzeit: 1 Std. 30 Min.
Pro Portion ca. 235 kcal, 31 g E, 10 g F, 5 g KH

1 Das Fleisch in einem großen Topf mit 2,5 l kaltem Wasser aufsetzen, salzen und zum Kochen bringen. Immer wieder abschäumen, bis sich kein Schaum mehr an der Oberfläche bildet.

2 Die Zwiebeln schälen und die Nelken in die Zwiebeln stecken. Den Lauch putzen, gründlich waschen und in grobe Stücke schneiden. Möhren und Sellerie waschen, schälen und grob zerkleinern.

3 Das Gemüse, die Gewürze und den Thymian zur Suppe geben und zugedeckt 1 Std. 30 Min. bei schwacher Hitze köcheln lassen.

4 Das Fleisch herausnehmen und klein schneiden. Suppe durch ein Sieb gießen. Fleischstückchen wieder hinzufügen, Suppe mit Sojasauce abschmecken.

TIPP

Sie können die Brühe auch mit Gemüseabfällen wie Schalen und Strünken kochen und diese danach wegwerfen. Als Einlage frisches Gemüse klein schneiden und in der Brühe ca. 15 Min. mitgaren. Auch TK-Gemüse kann man prima verwenden.

VARIANTE

Als Suppeneinlage eignen sich neben Nudeln auch Pfannkuchen (siehe S. 66): Diese nach dem Ausbacken aufrollen und in dünne Scheiben schneiden. Für Quinoa-Bällchen als Suppeneinlage 100 g Canihua (Mini-Quinoa), 100 g Weizenmehl (Type 1050), 80 g weiche Butter und 1 Ei (L) zu einer einheitlichen Masse verrühren. Mit Muskat, Salz und Ras el Hanout würzen. Ca. 5 Min. ziehen lassen. Kleine Klößchen aus dem Teig formen und in der heißen Brühe 5 Min. garen.

Grüne SCHAUMSUPPE

FÜR 4 PERSONEN

30 g Basilikum | 100 g Rucola | 1 Dose Kichererbsen (400 g) | 1 Zitrone | 400 ml Gemüsebrühe | 200 ml Kokosmilch | Salz | Pfeffer | 30 g Sonnenblumenkerne

Zubereitungszeit: 20 Min.

Pro Portion ca. 230 kcal, 9 g E, 15 g F, 13 g KH

1 Basilikum und Rucola waschen, harte Stiele entfernen, ein paar schöne Blätter für die Garnitur beiseitelegen. Die Kichererbsen in einem Sieb abtropfen lassen, den Sud auffangen und 150 ml abmessen. Die Zitrone auspressen.

2 Gemüsebrühe und Kokosmilch mit Rucola, Basilikum, Kichererbsen und Zitronensaft in einen Topf geben, pürieren, salzen, pfeffern und erwärmen.

3 Inzwischen die Sonnenblumenkerne in einer Pfanne ohne Fett anrösten. Kichererbsensud mit 1 Prise Salz steif schlagen und unter die warme Kräutersuppe ziehen. Mit Sonnenblumenkernen und Kräutern garnieren.

TIPP

Schmeckt mit jedem Blattgemüse von Radieschengrün über Spinat bis hin zu Brennnesseln, Petersilie oder Koriandergrün. Einfach nehmen, was die Jahreszeit so hergibt!

TOM KHA GAI Thai-Hähnchen-Suppe

FÜR 4 PERSONEN

200 g Möhren | 4 Frühlingszwiebeln | 300 g Hähnchenbrustfilet | 1 l Hühnerbrühe | 150 ml Kokosmilch | 4 Kaffir-Limettenblätter (Asienladen) | Salz | 200 g Blattspinat | 6 Champignons | 5 EL Limettensaft

Zubereitungszeit: 35 Min.

Pro Portion ca. 200 kcal, 22 g E, 9 g F, 6 g KH

1 Die Möhren und Frühlingszwiebeln waschen, putzen und in ca. 5 cm lange, schmale Streifen schneiden. Das Hähnchenfleisch kalt abbrausen, trocken tupfen und in Stücke schneiden.

2 Die Brühe mit Kokosmilch, Kaffir-Limettenblättern und Salz zum Kochen bringen.

3 Möhren, Frühlingszwiebeln und Hähnchenfleisch in die kochende Kokosbrühe geben. Die Hitze reduzieren und alles bei kleiner Hitze ca. 5 Min. zugedeckt ziehen lassen.

4 Inzwischen den Spinat putzen, waschen und grob zerkleinern. Die Champignons putzen und vierteln. Beides in die siedende Suppe geben und kurz aufkochen lassen. Mit Salz und Limettensaft abschmecken.

1

Das Gemüse-Plus: eine Kombination aus Zoodles und normalen Nudeln

6

GEMÜSESPAGHETTI

3

2

Ca. 500 g Gemüse, zum Beispiel Zucchini (4) oder Möhren (3), waschen, die Enden abschneiden und mit dem Spiralschneider zu Gemüsespaghetti drehen. Rundes Gemüse wie Kohlrabi (2) und Rote Bete (1) gelingt im großen Stand-Spiralschneider. 200 g Spaghetti nach Packungsanweisung garen. Inzwischen die Gemüsespaghetti mit 1–2 EL Öl oder Butter in einer Pfanne 3–4 Min. dünsten. Spaghetti abgießen und dazugeben. Gemüsepasta lässt sich übrigens auch ohne Spiralschneider herstellen: einfach mit dem Sparschäler breite Streifen schneiden.

4

Saucen für Gemüsespaghetti

1

Spinat-Sesam-Sauce:

450 g TK-Rahmspinat auftauen lassen. 50 g Sesamsamen in einer Pfanne rösten. 1 Knoblauchzehe schälen und hacken, mit dem Spinat und 100 g Frischkäse in einer Pfanne erhitzen.

2

Blitz-Gemüse-Sauce:

2 EL Butter mit 2 EL Mehl glatt verkneten. 1 Zwiebel würfeln, 2 große Möhren und 2 Zucchini fein raspeln. Gemüse mit 1 EL Tomatenmark in 1 EL Butter anbraten, mit ½ l Tomatensaft aufkochen, Mehlbutter flöckchenweise einrühren. 5 Min. kochen lassen. Mit 2 EL Tahin (Sesampaste) abschmecken.

3

Geflügel-Sahne-Sauce:

1 Stange Lauch putzen, aufschlitzen, waschen, in schmale Ringe schneiden, in 1 EL Butter glasig dünsten. 80 g Brot vom Vortag zerpflücken und dazugeben. Mit 350 ml Hühnerbrühe und 100 g Sahne weich köcheln lassen und pürieren. 150 g Hähnchenbrustfilet in mundgerechte Stücke schneiden und in der Sauce garen. Mit Zitronensaft und Schnittlauchröllchen würzen.

4

Kasseler rot-grün:

1 Zwiebel schälen, 1 Paprika waschen, halbieren, weiße Trennwände und Kerne entfernen. Zwiebel und Paprika würfeln und in 2 EL Öl kurz anbraten. 1 Dose Tomaten (400 g) dazugeben, 15 Min. schmoren. 100 g Kasseleraufschnitt in schmale Streifen schneiden, 80 g Rucola hacken, beides unterziehen, pfeffern, salzen und 60 g Parmesan unterrühren.

WIRSINGSPÄTZLE

FÜR 4 PERSONEN

1 kleiner Wirsing (ca. 500 g) | 1 rote Paprika | 2 Zwiebeln | 2 EL Butter | 1 EL edelsüßes Paprikapulver | Salz | Pfeffer | 500 g Spätzle (Fertigprodukt; Kühlregal) | 60 g Kürbiskerne | 100 g Schmand

Zubereitungszeit: 45 Min.

Pro Portion ca. 435 kcal, 16 g E, 21 g F, 43 g KH

1 Den Wirsing waschen, den Strunk entfernen und den Kohl in schmale Streifen schneiden. Die Paprika waschen, halbieren, weiße Trennwände und Kerne entfernen und in Streifen schneiden. Die Zwiebeln schälen, halbieren und in schmale Streifen schneiden.

2 Die Butter in einer beschichteten Pfanne erhitzen. Paprika und Zwiebeln mit dem Paprikapulver anbraten. Den Wirsing dazugeben und mitbraten. Salzen und pfeffern, zugedeckt bei kleiner Hitze ca. 20 Min. garen. Wenn nötig, etwas Wasser angießen.

3 Die Spätzle nach Packungsanweisung zubereiten. Die Kürbiskerne ohne Fett anrösten. Den Wirsing mit Schmand, Salz, Pfeffer und Paprikapulver abschmecken, Spätzle und Kürbiskerne unterziehen.

VARIANTE

Statt Kürbiskerne Sonnenblumen- oder Pinienkerne anrösten. Besonders zart schmeckt Spitzkohl, der im Frühsommer Saison hat – den müssen Sie nur 12 Min. schmoren.

MAKKARONI-
Auflauf

FÜR 4 PERSONEN

300 g Makkaroni | Salz | 600 g Brokkoli | 3 Eier | 100 g Crème fraîche | 200 ml Tomatensaft | Pfeffer | 100 g Mais (frisch oder aus der Dose) | 150 g Mozzarella

Zubereitungszeit: 40 Min. | Backzeit: 25 Min.
Pro Portion ca. 580 kcal, 26 g E, 24 g F, 64 g KH

1 Die Nudeln nach Packungsanweisung in reichlich Salzwasser bissfest kochen. Den Backofen auf 200° vorheizen.

2 Inzwischen Brokkoli waschen und in mundgerechte Röschen teilen, die Stiele grob raspeln oder hacken. Die Eier mit Crème fraîche und Tomatensaft verquirlen, mit Salz und Pfeffer kräftig würzen.

3 Nudeln, Brokkoli und Mais in der Auflaufform mischen. Den Eierguss gleichmäßig darauf verteilen. Mozzarella in dünne Scheiben schneiden und auf den Auflauf legen. Im heißen Ofen (Mitte) in 20–25 Min. goldbraun überbacken. Dazu schmeckt grüner Salat.

TIPP

Nudelaufläufe sind ideal, um Reste zu verwerten. Variieren Sie also, je nachdem, was Sie übrig haben.

VARIANTE

Statt Mozzarella können Sie 100 g Putenschinken klein schneiden und unter den Auflauf mischen. Vor dem Backen mit 2 EL Sesam bestreuen.

OFENKARTOFFELN
mit Ketchup

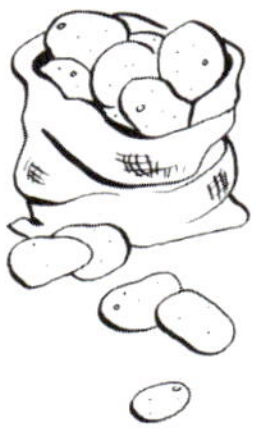

FÜR 4 PERSONEN

1 kg festkochende Kartoffeln | 3 EL Olivenöl | Salz | 1 kleine rote Zwiebel | 1 kleine rote Paprika | 250 g Tomaten (ersatzweise 250 ml passierte Tomaten) | 25 ml Rotweinessig | 1 EL Zucker | Pfeffer

Zubereitungszeit: 40 Min.

Pro Portion ca. 250 kcal, 5 g E, 8 g F, 38 g KH

1 Den Backofen auf 180° vorheizen. Ein Backblech mit Backpapier auslegen.

2 Die Kartoffeln waschen, längs vierteln. In einer Schüssel mit 2 EL Öl und Salz mischen. Mit der Schnittfläche nach unten auf das Blech legen und im heißen Ofen (Mitte) in 20–25 Min. weich backen.

3 Inzwischen für das Ketchup die Zwiebel schälen. Paprika waschen, halbieren, weiße Trennwände und Kerne entfernen. Zwiebel und Paprika fein würfeln. Im übrigen Öl in einer Pfanne anbraten.

4 Tomaten waschen, Stielansatz entfernen, das Fruchtfleisch klein hacken und in die Pfanne geben. In ca. 30 Min. zu einer dicken Sauce einkochen lassen. Mit Essig, Salz, Zucker und Pfeffer würzen, pürieren und mit den Ofenkartoffeln servieren.

VARIANTE

Statt Ketchup passen auch andere Dips wie Radieschenquark (siehe S. 54), Aladins Dip (Hummus, siehe S. 54) oder Pizzapaste (siehe S. 54).

INFO

Unter der Schale sitzen die meisten Vitamine. Aber Kartoffelschalen enthalten Solanin – vor allem an »Augen«, Keimen und grünen Stellen –, das in größeren Mengen zur Übelkeit führen kann. Diese Stellen unbedingt schälen. Außerdem wird die Schale oft mit Keimhemmern behandelt. Deshalb lieber einwandfreie Bio-Ware kaufen. Wer ganz sicher gehen will, schält die Kartoffeln.

Knusper-SCHÜTTELPOMMES

FÜR 4 PERSONEN

1 kg Kartoffeln | 4 EL Öl | 1 TL Salz | 5 EL Polenta (Maisgrieß) | 200 g Joghurt | 3 EL Schmand | 1 Knoblauchzehe | Pfeffer

Zubereitungszeit: 45 Min.

Pro Portion ca. 340 kcal, 7 g E, 16 g F, 42 g KH

1 Den Backofen auf 200° vorheizen. Die Kartoffeln waschen, schälen und in ca. 1 cm breite Stifte schneiden.

2 Die Kartoffelstifte mit Öl, Salz und Polenta in eine Schüssel geben, verschließen und alles gut durchschütteln.

3 Ein Backblech mit Backpapier auslegen und die Schüttelpommes gleichmäßig darauf verteilen. Im heißen Ofen (Mitte) in ca. 25 Min. goldbraun backen.

4 Joghurt und Schmand verrühren. Den Knoblauch schälen und dazupressen. Mit Salz und Pfeffer würzen. Zu den Schüttelpommes servieren.

VARIANTE

Die Schüttelpommes schmecken auch mit Süßkartoffeln.

Baked POTATOES

FÜR 4 PERSONEN

1 kg möglichst gleich große Kartoffeln | 30 g Kürbiskerne | 2 reife Avocados | 1 Bund Basilikum | 2 EL Zitronensaft | Salz | Pfeffer | Öl zum Einfetten

Zubereitungszeit: 15 Min. | Backzeit: 1 Std.

Pro Portion ca. 430 kcal, 8 g E, 26 g F, 39 g KH

1 Backofen auf 200° vorheizen. Die Kartoffeln waschen, der Breite nach mehrmals fächerartig einschneiden und auf ein Backblech legen, Schnittfläche mit etwas Öl einpinseln.

2 Im heißen Ofen (Mitte) je nach Größe 45–60 Min. backen, bis sie weich sind. In den letzten 15 Min. die Kürbiskerne auf dem Blech mitrösten.

3 Für die Avocadocreme die Avocados halbieren, die Kerne entfernen und das Fruchtfleisch mit einem Löffel aus der Schale heben. Basilikum waschen, trocken schütteln und samt Stielen mit Zitronensaft und Avocados pürieren, salzen und pfeffern.

4 Die Kartoffeln mit der Avocadocreme füllen und mit den Kürbiskernen bestreuen.

GEMÜSE-BOLO

mit Kartoffelmütze

FÜR 4 PERSONEN

750 g mehligkochende Kartoffeln | Salz | 1 Bund Suppengrün (Lauch, Möhre, Sellerie, Petersilie) | 2 EL Rapsöl | 200 g gemischtes Hackfleisch | 4 EL Tomatenmark | 2 EL Sahne | Pfeffer | 1 TL getrockneter Rosmarin | 2 TL Butter | ca. 5 EL Milch | frisch geriebene Muskatnuss | 70 g geriebener Käse

Zubereitungszeit: 50 Min.

Pro Portion ca. 430 kcal, 21 g E, 25 g F, 29 g KH

1 Die Kartoffeln waschen, schälen, klein schneiden und in wenig Salzwasser in 15–20 Min. gar kochen.

2 Inzwischen das Suppengrün waschen, putzen, falls nötig schälen und in kleine Würfel schneiden. Petersilie hacken und beiseitelegen.

3 Das Öl in einer Pfanne erhitzen und das Hackfleisch rundherum anbraten, dabei salzen. Wenn es zu bräunen beginnt, Gemüsewürfel und Tomatenmark dazugeben und unter Rühren weiterbraten.

4 Mit 200 ml Wasser aufgießen, bei mittlerer Hitze ca. 5 Min. einkochen lassen und mit Sahne, Salz, Pfeffer und Rosmarin würzen

5 Backofen auf 200° vorheizen. Gegarte Kartoffeln zerstampfen, dabei Butter und so viel Milch dazugeben, dass ein Brei entsteht. Mit Salz, Petersilie und Muskat abschmecken.

6 Die Gemüse-Bolognese in eine Auflaufform geben, das Püree darauf verteilen. Mit dem Käse bestreuen und im heißen Ofen (Mitte) in 10 Min. goldbraun überbacken.

TIPP

Schneller geht es mit Instant-Püree und mit 1 großen Dose Tomaten (800 g)!

RÖSTI
mit Mais

FÜR 4 PERSONEN

1 kg mehligkochende Kartoffeln | Salz | 1 Dose Mais (375 g) | Pfeffer | 1 TL getrockneter Majoran | 2 EL Öl | 50 g geriebener Käse

Zubereitungszeit: 45 Min.

Pro Portion ca. 316 kcal, 11 g E, 9 g F, 48 g KH

1 Die Kartoffeln waschen und in Salzwasser je nach Größe in 15–20 Min. knapp gar kochen. Abgießen, kalt abschrecken und pellen.

2 Die Kartoffeln grob reiben und mit dem Mais mischen. Mit Salz, Pfeffer und Majoran würzen. Das Öl in einer Pfanne erhitzen. Portionsweise Puffer hineinsetzen, flach drücken und bei mittlerer Hitze goldbraun braten, wenden.

3 Mit geriebenem Käse bestreuen, zudecken und weiterbraten, bis der Käse schmilzt. Weitere Puffer braten, bis der Teig verbraucht ist.

TIPP

Schneller, aber schwieriger: Die ganze Pfanne mit Röstimasse füllen und Riesenrösti backen. Besonders schnell: Geschälte Kartoffeln roh reiben und ebenso weiterverarbeiten. Die Bratzeit pro Seite verlängert sich dann allerdings auf 4–5 Min.

KARTOFFELMUFFINS

FÜR 1 MUFFINFORM (12 STÜCK)

800 g mehligkochende Kartoffeln | 200 g Winzerkäse | 12 Kirschtomaten | 3 Eier | 50 g Sahne | 50 g blütenzarte Haferflocken | 50 g Sonnenblumenkerne | Salz | Pfeffer | Fett für die Form

Zubereitungszeit: 30 Min. | Backzeit: 45 Min.

Pro Stück ca. 175 kcal, 8 g E, 11 g F, 12 g KH

1 Kartoffeln waschen und in ca. 25 Min. weich garen. Abgießen, kalt abschrecken und pellen. Mit einer Gabel zerdrücken und ausdampfen lassen.

2 Backofen auf 190° vorheizen. Käse klein würfeln. Tomaten waschen und trocken tupfen. Die Eier trennen, Eiweiße steif schlagen. Eigelbe mit Sahne, Käsewürfeln, Haferflocken und der Hälfte der Sonnenblumenkerne unter die Kartoffeln rühren. Kräftig mit Salz und Pfeffer würzen. Eischnee unterziehen.

3 Eine Muffinform fetten und die Masse gleichmäßig einfüllen. In die Mitte jeweils eine Kirschtomate drücken. Mit übrigen Sonnenblumenkernen bestreuen. Im heißen Ofen (unten) in 40–45 Min. goldbraun backen.

RISOTTO
mit Gemüse

FÜR 4 PERSONEN

4 Eier | 1 Zwiebel | 2 EL Butter | 250 g Risottoreis | ¼ l Gemüsebrühe | 200 ml Möhrensaft | 200 ml Orangensaft | Salz | Pfeffer | 250 g Baby-Blattspinat | 600 g Möhren | 2 EL Zitronensaft

Zubereitungszeit: 40 Min.
Pro Portion ca. 420 kcal, 15 g E, 11 g F, 63 g KH

1 Die Eier in kochendem Wasser in 6 Min. kernweich kochen. Die Zwiebel schälen und fein würfeln.

2 Die Butter in einem Topf erhitzen und die Zwiebeln darin glasig andünsten. Den Reis dazugeben, kurz mitbraten. Die Brühe angießen und alles bei kleiner Hitze 10 Min. kochen lassen, dabei öfter umrühren. Die Säfte dazugeben, den Reis salzen und pfeffern und 15 Min. weitergaren.

3 Inzwischen den Spinat und die Möhren waschen. Die Möhren schälen und in dünne Streifen hobeln. Beides 5 Min. vor Garzeitende zum Risotto geben und mitgaren.

4 Das Risotto mit Zitronensaft abschmecken. Die Eier pellen, halbieren und auf dem Risotto anrichten.

BUCHWEIZENGRATIN
mit Kürbis-Monden

FÜR 1 AUFLAUFFORM (20 × 30 CM)

1 EL Butter | 250 g Buchweizen | 1 TL mildes Currypulver | 500 ml Möhrensaft | Salz | Pfeffer | 800 g Hokkaido-Kürbis | 1 Bund Petersilie | 30 g Kürbiskerne | 50 g geriebener Parmesan | 3 EL Semmelbrösel | 5 EL Olivenöl

Zubereitungszeit: 25 Min. | Backzeit: 40 Min.
Pro Portion ca. 605 kcal, 16 g E, 23 g F, 85 g KH

1 Backofen auf 200° vorheizen. Die Butter in einem Topf erhitzen und den Buchweizen darin anbraten, das Currypulver darüberstäuben und kurz mitrösten. Den Möhrensaft angießen, mit Salz und Pfeffer würzen, aufkochen lassen, dann die Hitze reduzieren und zugedeckt weitere 15 Min. köcheln lassen. Den Buchweizen in die Auflaufform geben.

2 Inzwischen den Kürbis waschen, Fasern und Kerne entfernen. Das Fruchtfleisch in ca. ½ cm breite Spalten schneiden und auf dem Buchweizen verteilen.

3 Die Petersilie waschen, trocken schütteln und fein hacken. Kürbiskerne ebenfalls fein hacken. Mit Parmesan, Semmelbröseln und Öl mischen und auf dem Gratin verteilen. Im heißen Ofen (Mitte) 35–40 Min. backen.

Italienischer DINKELTOPF

FÜR 4 PERSONEN

1 kleine Zwiebel | 1 Knoblauchzehe | 1 EL Olivenöl | 250 g Schnellkochdinkel | 550 ml Gemüsebrühe | 300 ml Tomatensaft | 500 g Zucchini | 200 g Mozzarella | 3 EL Pesto | Salz | Pfeffer

Zubereitungszeit: 25 Min.

Pro Portion ca. 420 kcal, 23 g E, 16 g F, 44 g KH

1 Zwiebel und Knoblauch schälen und beides fein würfeln.

2 Das Öl in einem Topf erhitzen. Zwiebeln und Knoblauch darin glasig dünsten. Dinkel dazugeben, kurz mitdünsten, dann Gemüsebrühe und Tomatensaft angießen. Einmal aufkochen und bei mittlerer Hitze zugedeckt ca. 12 Min. köcheln lassen.

3 Inzwischen die Zucchini waschen, putzen und in kleine Würfel schneiden. In den Topf zum Dinkel geben und 8 Min. mitkochen.

4 Kurz vor Ende der Garzeit den Mozzarella in kleine Würfel schneiden und mit dem Pesto unter den Dinkeltopf mischen. Alles mit Salz und Pfeffer würzen.

KERNREIS mit Powerragout

FÜR 4 PERSONEN

200 g parboiled Reis | Salz | 200 g weißer Spargel | 250 g junge Möhren | 1 Kohlrabi mit Grün | 150 g Zuckerschoten | 2 EL Öl | 1 EL Mehl | 400 ml Gemüsebrühe | Pfeffer | 30 g Kerne (Sesam, Kürbis- oder Sonnenblumenkerne) | 100 g Schmand

Zubereitungszeit: 35 Min.

Pro Portion ca. 380 kcal, 9 g E, 15 g F, 50 g KH

1 Den Reis mit 400 ml Wasser und 1 TL Salz aufkochen und zugedeckt 15 Min. quellen lassen.

2 Das Gemüse waschen, schälen und putzen. Spargel in 2 cm lange Stücke, Möhren und Kohlrabi in 1 cm große Würfel schneiden. Von den Zuckerschoten die Enden abknipsen, bei Bedarf entfädeln. Zuckerschoten schräg in Stücke schneiden. Das Kohlrabi- und Möhrengrün waschen, trocken schütteln und fein hacken.

3 Öl in einer Pfanne erhitzen, Spargel, Möhren und Kohlrabi darin andünsten und mit Mehl überstäuben. Brühe dazugießen. Das Grün dazugeben, salzen und pfeffern, 10 Min. garen. Nach 5 Min. Zuckerschoten dazugeben.

4 Die Kerne anrösten, unter den Reis mischen. Das Ragout mit Schmand abschmecken, Reis dazu servieren.

FRITTO MISTO

FÜR 4 PERSONEN

150 g Mehl (Type 1050) | 3 Eier | 150 ml Buttermilch | Salz | Pfeffer | 1 rote Paprika | 1 große Zucchini (ca. 250 g) | 100 g Zuckerschoten | 100 g Brokkoli | 300 ml Frittieröl oder -fett (z. B. Raps- oder Erdnussöl oder Kokosfett) | einige Zitronenspalten

Zubereitungszeit: 40 Min.

Pro Portion ca. 375 kcal, 13 g E, 21 g F, 32 g KH

1 120 g Mehl, Eier und Buttermilch zu einem dickflüssigen Teig verrühren. Mit Salz und Pfeffer würzen, 10 Min. quellen lassen.

2 Die Paprika waschen, halbieren, weiße Trennwände und Kerne entfernen und die Hälften in Spalten schneiden. Die Zucchini waschen, putzen und in fingerdicke Scheiben schneiden. Die Zuckerschoten waschen und die Enden abknipsen. Brokkoli waschen, putzen und in Röschen teilen.

3 Das Fett in einer Fritteuse oder in einem schweren Topf mind. 5 cm hoch auf 160–170° erhitzen. Das Gemüse im restlichen Mehl wenden, portionsweise in den Teig tauchen und im heißen Fett goldbraun ausbacken. Auf Küchenpapier entfetten. Sofort mit Zitrone anrichten. Dazu passt ein Gemüse-Dip von Seite 54.

Gefüllte PAPRIKA

FÜR 4 PERSONEN

250 g Bulgur | 500 ml Gemüsebrühe | 2 kleine Zwiebeln | 2 Tomaten | 2 EL Olivenöl | Salz | Pfeffer | edelsüßes Paprikapulver | 4 große, rote Paprika | 150 g Schafskäse (Feta) | 2 EL Tomatenmark | 100 g Crème fraîche

Zubereitungszeit: 40 Min.

Pro Portion ca. 525 kcal, 17 g E, 24 g F, 55 g KH

1 Bulgur mit 400 ml Brühe in einen Topf füllen, aufkochen und 8–10 Min. köcheln lassen.

2 Inzwischen die Zwiebeln schälen und fein würfeln. Die Tomaten waschen, die Stielansätze entfernen und das Fruchtfleisch in Würfel schneiden. 1 EL Öl erhitzen und die Zwiebeln darin anbraten, Tomaten untermischen. Mit Salz, Pfeffer und Paprikapulver würzen.

3 Paprika waschen, jeweils den Deckel abschneiden und weiße Trennwände und Kerne entfernen. Feta zerbröseln, mit der Hälfte des Bulgurs und dem Zwiebel-Tomaten-Mix mischen. In die Paprika füllen. Restlichen Bulgur warm halten.

4 Paprika mit übrigem Öl und übriger Brühe in einen Topf geben und 20 Min. bei mittlerer Hitze schmoren. Eventuell etwas Wasser nachgießen.

5 Die Paprika herausnehmen. Den Sud mit Tomatenmark und Crème fraîche verrühren, mit Salz, Pfeffer und Paprikapulver würzen, erwärmen. Restlichen Bulgur dazu servieren.

STAUB
STAUB

Kichernde ZUCCHINI-PFANNE

FÜR 4 PERSONEN

480 g Kichererbsen (2 Dosen) | 100 ml Gemüsebrühe | 500 ml Milch | 250 g Polenta (Maisgrieß) | 1 Bund Basilikum | 700 g Zucchini | 2 Zwiebeln | 2 EL Öl | Salz | Pfeffer | 150 g Kräuterfrischkäse

Zubereitungszeit: 25 Min.

Pro Portion ca. 525 kcal, 22 g E, 15 g F, 75 g KH

1 Die Kichererbsen in ein Sieb abgießen, dabei den Sud auffangen.

2 Die Gemüsebrühe und die Milch in einem Topf zum Kochen bringen, den Maisgrieß einrühren und 10 Min. köcheln lassen. Das Basilikum waschen, trocken schütteln und klein schneiden, die Hälfte mit der Polenta mischen. Danach in die Auflaufform gießen, 15 Min. ziehen lassen.

3 Inzwischen Zucchini waschen, putzen und, je nach Dicke, halbieren oder vierteln. In fingerbreite Scheiben schneiden. Zwiebeln schälen und fein würfeln.

4 Das Öl in einer Pfanne erhitzen und die Zwiebeln darin kurz andünsten. Zucchini und Kichererbsen hinzufügen und alles mit Salz und Pfeffer würzen. Zugedeckt 10 Min. dünsten.

5 Frischkäse in der Pfanne schmelzen lassen und so viel Kichererbsensud dazugeben, bis die Sauce eine cremige Konsistenz hat. Restliches Basilikum in das Gemüse geben.

6 Polenta aus der Form stürzen und mit dem Gemüse servieren. Dazu passt Möhrensalat.

TIPP

Klappt auch mit 250 g getrockneten Kichererbsen. Dafür getrocknete Kichererbsen mit 500 ml Wasser bedecken und über Nacht einweichen. Vor dem Kochen abgießen – das Einweichwasser aufheben und damit die Sauce anrühren. Achtung: Getrocknete, eingeweichte Kichererbsen haben eine längere Garzeit von ca. 1 Std.

Krachende

LINSENRÖSTI

FÜR 4 PERSONEN

200 g rote Linsen | 2 Zweige Thymian | 800 g Kartoffeln | 2 Frühlingszwiebeln | Currypulver | Salz | Pfeffer | frisch geriebene Muskatnuss | 4 EL Öl zum Braten | 100 g Schafskäse (Feta) | 100 g Magerquark | 100 g Joghurt

Zubereitungszeit: 40 Min.

Pro Portion ca. 440 kcal, 21 g E, 16 g F, 53 g KH

1 Die Linsen mit dem Thymian in 400 ml Wasser aufkochen und 10 Min. köcheln lassen. Beiseitestellen. Die Kartoffeln waschen, schälen, grob raspeln und zu den Linsen in den Topf geben.

2 Die Frühlingszwiebeln waschen, putzen, in dünne Ringe schneiden und zur Kartoffelmasse geben. Mit Currypulver, Salz, Pfeffer und Muskat würzen.

3 Etwas Öl in einer beschichteten Pfanne erhitzen. Für jedes Rösti 2–3 EL Teig in die Pfanne geben, flach drücken und bei mittlerer Hitze goldbraun braten, einmal wenden. Fertige Rösti warm halten.

4 Feta in kleine Stücke zerbröckeln, mit Magerquark und Joghurt mischen, mit Salz und Pfeffer würzen und zu den Rösti servieren.

PEANUTPUFFER

mit Samt-Püree

FÜR 4 PERSONEN

500 g mehligkochende Kartoffeln | 500 g Hokkaido-Kürbis | Salz | 120 g Erdnusskerne (gesalzen) | 150 g Quark | 2 Eier | 40 g Mehl (Type 1050) | ½ TL Backpulver | 1 Msp. Chilipulver | 1 TL mildes Currypulver | 3 EL Öl | 2 EL Butter | 100 ml Milch | Pfeffer | frisch geriebene Muskatnuss

Zubereitungszeit: 45 Min.

Pro Portion ca. 530 kcal, 22 g E, 31 g F, 43 g KH

1 Kartoffeln und Kürbis waschen. Die Kartoffeln schälen und klein schneiden. Kürbis waschen, Fasern und Kerne entfernen, das Fruchtfleisch klein würfeln. Kürbis und Kartoffeln in ca. 250 ml Salzwasser 20 Min. garen.

2 Inzwischen die Erdnüsse fein hacken und mit Quark, Eiern, Mehl, Backpulver, Chili- und Currypulver glatt rühren. 2 EL Öl in einer beschichteten Pfanne erhitzen. 1 gehäuften EL Masse pro Fladen hineingeben und glatt streichen. Von jeder Seite bei mittlerer Hitze in ca. 5 Min. knusprig braun backen. Auf Küchenpapier entfetten, warm halten.

3 Die gekochten Kartoffeln und Kürbis im Garwasser mit der Butter und so viel Milch pürieren, dass ein cremiges Püree entsteht. Mit Pfeffer und Muskat abschmecken. Zu den Puffern servieren.

FISCHPASTETE

FÜR 1 KASTENFORM (30 CM)

600 g Brokkoli | 100 g Weißbrot vom Vortag | 200 g Sahne | 2 Eier | 600 g Seelachsfilet | 2 EL Zitronensaft | Salz | Pfeffer | Butter und Semmelbrösel für die Form | 600 g mehligkochende Kartoffeln | 2 EL Butter | frisch geriebene Muskatnuss

Zubereitungszeit: 35 Min. | Backzeit: 45 Min.
Pro Portion ca. 565 kcal, 40 g E, 29 g F, 34 g KH

1 Brokkoli waschen und in Röschen teilen. Den Stiel putzen und klein schneiden, beiseitelegen.

2 Das Brot zerkleinern. Sahne erwärmen, das Brot darin einweichen. Eier trennen. Das Fischfilet abbrausen, trocken tupfen und in Würfel schneiden, mit Zitronensaft, Salz und Pfeffer mischen. Im Blitzhacker zerkleinern, Brot und Eigelbe dazugeben. Bei Bedarf Wasser zufügen. Eiweiße steif schlagen, unterheben.

3 Backofen auf 175° vorheizen. Eine Kastenform fetten und mit Bröseln ausstreuen. Fischmasse in 3 Portionen teilen. Eine Portion Teig einfüllen, die Hälfte Brokkoliröschen in den Teig drücken, eine weitere Schicht Teig und Brokkoli einfüllen und mit der letzten Portion Teig bedecken. Im heißen Ofen (unten) ca. 45 Min. backen.

4 Inzwischen die Kartoffeln waschen, schälen und klein schneiden. Mit den Brokkolistielen in ca. 300 ml Salzwasser 15 Min. garen, kurz pürieren und mit Butter und Muskat abschmecken. Die Fischpastete aus der Form stürzen, in Scheiben schneiden und zusammen mit dem Püree servieren.

FISCHBURGER

FÜR 4 PERSONEN

1 Ei | 60 g Blattspinat | 1 Bund Petersilie |
400 g Seelachsfilet | 80 g Couscous | Salz |
Pfeffer | 2 EL Öl | 1 reife Avocado | 3 EL Joghurt |
2 EL Zitronensaft | ½ TL geriebener Meerrettich |
4 Vollkornbrötchen | 3 Tomaten | einige Salatblätter

Zubereitungszeit: 35 Min.
Pro Portion ca. 480 kcal, 31 g E, 16 g F, 48 g KH

1 Das Ei verquirlen, Spinat und Petersilie waschen, trocken schütteln und fein hacken. Das Fischfilet abbrausen, trocken tupfen, in kleine Stücke teilen und pürieren, das Ei dazugeben. Mit Couscous, Spinat und Petersilie verkneten. Mit Salz und Pfeffer würzen.

2 Aus der Masse 8 flache Frikadellen formen. Das Öl in einer beschichteten Pfanne erhitzen und die Fischfrikadellen darin von beiden Seiten knusprig braten. Warm stellen.

3 Die Avocado halbieren, den Kern entfernen und das Fruchtfleisch mit einem Löffel aus der Schale heben. Mit einer Gabel zerdrücken und mit Joghurt, Zitronensaft und Meerrettich glatt rühren. Mit Salz und Pfeffer abschmecken.

4 Brötchen kurz aufbacken und halbieren. Die Tomaten waschen und in Scheiben schneiden, Salatblätter waschen und trocken schleudern. Die Brötchenunterhälften mit Salat, 1 Fischfrikadelle und den Tomatenscheiben belegen. 1 Klecks Avocadocreme daraufgeben und die obere Hälfte daraufsetzen. Übrige Frikadellen extra dazureichen.

FISCHERS SPIESS
vom Grill

FÜR 4 PERSONEN

500 g Seelachsfilet | 1 Zweig Rosmarin | 250 g helles Dinkelbrot | ½ Bio-Zitrone | 6 EL Olivenöl | Salz | Pfeffer | 150 g Champignons | 200 g Zucchini | 15 Kirschtomaten | 8 schwarze Oliven | 200 g Kräuterquark | ca. 12 Schaschlikspieße

Zubereitungszeit: 30 Min. | Marinierzeit: 1 Std.

Pro Portion ca. 520 kcal, 35 g E, 26 g F, 35 g KH

1 Das Fischfilet abbrausen, trocken tupfen und in mundgerechte Stücke teilen. Rosmarin waschen, trocken schütteln, die Nadeln abstreifen und fein hacken. Das Brot in mundgerechte Würfel schneiden.

2 Zitrone waschen, die Schale abreiben. Die Zitrone halbieren und auspressen. Schale und Saft mit Öl, Rosmarin, Salz und Pfeffer zu einer Marinade verrühren. Die Fischstücke einlegen und 1 Std. kühl stellen.

3 Champignons putzen. Zucchini waschen und putzen. Gemüse in mundgerechte Stücke schneiden. Tomaten waschen, bei Bedarf halbieren, die Oliven entsteinen.

4 Alle Zutaten abwechselnd auf Spieße stecken. Mit Marinade einpinseln, in eine Gratinform legen. Ca. 10 Min. grillen, dabei einmal wenden. Mit Kräuterquark servieren.

KURKUMAFISCH
mit Möhrencouscous

FÜR 4 PERSONEN

600 g Möhren | 3 EL Öl | ½ l Möhrensaft | Salz | Pfeffer | Currypulver | 300 g Couscous | 1 Bio-Orange | 2 EL gemahlene Kurkuma | 2 EL Mehl (Type 1050) | 700 g Zanderfilet mit Haut (oder ein anderer festfleischiger Fisch) | Orangenspalten zum Garnieren

Zubereitungszeit: 45 Min.

Pro Portion ca. 575 kcal, 46 g E, 10 g F, 76 g KH

1 Die Möhren waschen, schälen und grob raspeln. 1 EL Öl in einer Pfanne erhitzen, die Möhren darin 5 Min. dünsten. Möhrensaft dazugießen, mit Salz, Pfeffer und 1 Prise Currypulver würzen und zum Kochen bringen.

2 Couscous einrühren, einmal aufkochen und bei kleiner Hitze in 10 Min. ausquellen lassen. Die Orange waschen, die Schale abreiben, eine Hälfte auspressen, die zweite in Scheiben schneiden, halbieren. Schale und Saft unter das Couscous ziehen.

3 Kurkuma mit Mehl und etwas Salz mischen. Das Fischfilet abbrausen, trocken tupfen und im Mehlmix wenden.

4 In einer beschichteten Pfanne übriges Öl erhitzen. Die Fischfilets darin pro Seite in ca. 4 Min. knusprig braun braten. Mit Möhrencouscous und Orangenscheiben servieren.

SCHNITTLAUCHFISCH

mit Zitronenreis

FÜR 4 PERSONEN

1 Bio-Zitrone | 2 Zwiebeln | 2 EL Öl | 250 g Reis | 1 l Gemüsebrühe | Salz | 700 g Kabeljaufilet | 3 TL Butter | 3 TL Mehl | 2 EL Crème fraîche | Pfeffer | 2 Bund Schnittlauch

Zubereitungszeit: 30 Min.

Pro Portion ca. 490 kcal, 37 g E, 13 g F, 53 g KH

1 Zitrone heiß abwaschen, Schale abreiben, Saft auspressen. Zwiebeln schälen und fein hacken. 1 EL Öl in einer Pfanne erhitzen, die Hälfte der Zwiebeln mit Reis und Zitronenabrieb glasig andünsten. Die Hälfte der Brühe dazugießen und 20 Min. bei kleiner Hitze quellen lassen. Mit 1–2 EL Zitronensaft und Salz würzen.

2 Fischfilet abbrausen, trocken tupfen und mit Zitronensaft beträufeln. Butter und Mehl verkneten. Übriges Öl in einem Topf erhitzen und die übrigen Zwiebeln darin andünsten. Übrige Brühe und Crème fraîche dazugeben. Mehlbutter flöckchenweise einrühren. Aufkochen und 5 Min. kochen lassen, Zitronensaft dazugeben, salzen und pfeffern.

3 Fisch salzen und pfeffern und in die Sauce geben. Bei kleiner Hitze 5 Min. gar ziehen lassen. Schnittlauch waschen, trocken schütteln und in Röllchen schneiden. Über den Fisch streuen, mit Zitronenreis servieren.

LACHSNUDELN

FÜR 4 PERSONEN

300 g grüne Bandnudeln | Salz | 250 g Lachsfilet | 1 Bund Dill | 600 g Chinakohl | 1 EL Öl | 200 ml Orangensaft | 80 g Sahne | Pfeffer | 1 TL mildes Currypulver

Zubereitungszeit: 20 Min.

Pro Portion ca. 520 kcal, 23 g E, 19 g F, 61 g KH

1 Die Bandnudeln nach Packungsanweisung in Salzwasser bissfest kochen.

2 Das Lachsfilet abbrausen, trocken tupfen und in 2 × 2 cm große Würfel schneiden. Dill waschen, trocken schütteln und die Spitzen fein hacken. Chinakohl waschen, putzen und in feine Streifen schneiden.

3 Das Öl in einer Pfanne erhitzen und den Kohl darin kurz braten, herausnehmen. Orangensaft und Sahne in die Pfanne gießen und 2–3 Min. einkochen lassen. Mit Pfeffer und Currypulver würzen.

4 Lachs in die Sauce geben und bei kleiner Hitze 3–4 Min. garen. Dill und Chinakohl untermischen und die Sauce mit den Bandnudeln servieren.

Nussige FRIKADELLEN

FÜR 4 PERSONEN

1 Chinakohl (ca. 800 g) | 2 EL Butter | Salz | Pfeffer | frisch geriebene Muskatnuss | 1 Bio-Limette | 200 g gemischtes Hackfleisch | 5 EL Semmelbrösel | 200 g Magerquark | 1 Ei | 2 TL Senf | 50 g gehackte Walnusskerne | 4 EL Öl zum Braten

Zubereitungszeit: 30 Min.

Pro Portion ca. 475 kcal, 24 g E, 35 g F, 14 g KH

1 Chinakohl waschen und vierteln. Den Strunk keilförmig herausschneiden und den Kohl in Streifen schneiden. Die Butter in einem großen Topf erhitzen, den Kohl darin kurz andünsten. Mit Salz, Pfeffer und Muskat würzen und bei kleiner Hitze 15 Min. dünsten. Limette heiß abwaschen, die Schale abreiben, den Saft auspressen und beides zum Kohl geben.

2 Hackfleisch mit Semmelbröseln, Quark, Ei, Senf und Walnüssen verkneten, salzen und pfeffern. Aus der Masse 8 flache Frikadellen formen.

3 Öl in einer Pfanne erhitzen und die Frikadellen darin von jeder Seite 5 Min. knusprig braten. Auf Küchenpapier entfetten und mit dem Chinakohl servieren. Als Beilage schmeckt Kartoffelpüree.

VARIANTE

Für Burger nur 4 dicke Frikadellen braten. 4 Vollkornbrötchen halbieren, die unteren Hälften mit etwas Ketchup bestreichen, mit 8 großen Salatblättern und den Frikadellen belegen. Je 1–2 Tomatenscheiben dazugeben und die oberen Brötchenhälften auflegen.

VEGGIE-PATTYS
mit Gurkensalat

FÜR 4 PERSONEN

4 getrocknete Tomaten | 1 Zwiebel | 3 EL Öl | 200 g Grünkernschrot | 1 Dose Kidneybohnen (240 g) | 1 Ei | 2 EL geschroteter Leinsamen | Salz | Pfeffer | 1 große Salatgurke (500 g) | 100 g Schmand | 1 EL Dillspitzen (frisch, TK- oder getrocknet)

Zubereitungszeit: 40 Min.
Pro Portion ca. 475 kcal, 19 g E, 19 g F, 55 g KH

1 Die Tomaten fein würfeln. Zwiebel schälen, hacken und in 1 EL Öl anbraten. Grünkernschrot und Tomaten dazugeben, 300 ml Wasser angießen, leicht salzen und pfeffern, aufkochen und vom Herd nehmen.

2 Die Kidneybohnen in ein Sieb abgießen. Mit dem Ei in einen hohen Rührbecher füllen und pürieren. Mit Leinsamen und Grünkernmasse zu einem formbaren Teig vermengen und ca. 15 Min. quellen lassen.

3 Inzwischen für den Salat die Gurke waschen und die Enden abschneiden. Die Gurke längs vierteln und quer in fingerdicke Scheiben schneiden. Aus Schmand, Dill, Salz und Pfeffer ein Dressing rühren und unter die Gurkenstücke mischen.

4 Mit nassen Händen Pattys formen. Das übrige Öl in einer Pfanne erhitzen und die Pattys darin von beiden Seiten knusprig braun braten. Veggie-Pattys mit dem Gurkensalat servieren.

TIPP

Klappt auch ohne Ei: Dann noch 1 EL Leinsamenschrot zusätzlich in die Masse geben.

Taka-Tuka-CURRY mit Bulgur

FÜR 4 PERSONEN

1 Stange Lauch | 3 Möhren | 400 g Pak Choi | 1 Knoblauchzehe | 1 Stück Ingwer (2 cm lang) | 40 g geröstete Erdnusskerne | 300 g Putenbrustfilet | 2 EL Öl | 1 TL Currypulver | Salz | Pfeffer | 250 ml Hühnerbrühe | 200 g Bulgur | 150 g Kokosmilch

Zubereitungszeit: 40 Min.
Pro Portion ca. 410 kcal, 30 g E, 12 g F, 43 g KH

1 Lauch putzen, gründlich waschen und in 1 cm breite Ringe schneiden. Möhren waschen, nach Bedarf schälen und in dünne Scheiben schneiden. Pak Choi waschen, putzen und in fingerbreite Stücke schneiden. Knoblauch und Ingwer schälen und mit den Erdnüssen fein hacken. Das Fleisch abbrausen, trocken tupfen und in mundgerechte Würfel schneiden.

2 Das Öl in einem Topf erhitzen, das Fleisch darin rundherum anbraten, herausnehmen und warm halten. Gemüse, Knoblauch, Ingwer und Erdnüsse im Topf anrösten und mit Currypulver, Salz und Pfeffer würzen. Brühe dazugießen und aufkochen lassen, 15 Min. zugedeckt bei kleiner Hitze garen.

3 Bulgur in einem Topf mit 400 ml Salzwasser aufkochen und bei kleiner Hitze ca. 10 Min. quellen lassen.

4 Kokosmilch und Fleisch unter das Ragout ziehen, heiß werden lassen und mit dem Bulgur servieren.

PAPRIKAHUHN mit Polenta

FÜR 4 PERSONEN

400 g Hähnchenbrustfilet | Salz | Pfeffer | edelsüßes Paprikapulver | 1 Zwiebel | 1 Knoblauchzehe | 3 Paprika (ca. 700 g) | 500 ml Gemüsebrühe | 250 g Polenta (Maisgrieß) | 250 ml Milch | 1 EL Öl | 100 g Schmand

Zubereitungszeit: 50 Min.
Pro Portion ca. 515 kcal, 32 g E, 13 g F, 63 g KH

1 Das Hähnchenfleisch kalt abbrausen, trocken tupfen und in ca. 2 cm breite Streifen schneiden, mit Salz, Pfeffer und Paprikapulver mischen. Die Zwiebel und den Knoblauch schälen und klein würfeln. Paprika waschen, halbieren, weiße Trennwände und Kerne entfernen und die Hälften in Streifen schneiden.

2 Inzwischen Brühe mit Polenta mischen, aufkochen lassen, Milch, Salz und etwas Paprikapulver dazugeben und bei kleiner Hitze 15 Min. köcheln lassen, dabei immer wieder umrühren.

3 Das Öl in einer hohen Pfanne erhitzen, das Fleisch darin kräftig anbraten, dann herausnehmen und beiseitestellen. Zwiebel, Knoblauch und Paprikastreifen im Fond anbraten, mit Salz, Pfeffer und Paprikapulver würzen, 10 Min. zugedeckt schmoren, wenn nötig etwas Wasser dazugeben. Mit Schmand und Gewürzen abschmecken. Das Hähnchenfleisch wieder dazugeben. Mit Polenta servieren.

PREP-BRATEN
in roter Sauce

für eine große Runde oder als Meal-Prep-Essen für 2 Tage

FÜR 8 PORTIONEN

2 EL Rapsöl | 1,2 kg Rinderbraten (Hochrippe oder Keule) | Salz | Pfeffer | 2 Zwiebeln | 1 Knoblauchzehe | 1 Stange Lauch | 2 Möhren | 3 Stangen Staudensellerie | 5 Zweige Thymian | 1 l Tomatensaft

Zubereitungszeit: 30 Min. | Schmorzeit: 3 Std.
Pro Portion ca. 300 kcal, 33 g E, 15 g F, 7 g KH

1 Das Öl in einem Bräter erhitzen und den Braten darin von allen Seiten bei großer Hitze kräftig anbraten. Das Fleisch herausnehmen, salzen und pfeffern.

2 Zwiebeln und Knoblauch schälen und fein würfeln. Lauch putzen, gründlich waschen und in Ringe schneiden. Möhren waschen und schälen, Staudensellerie waschen und bei Bedarf entfädeln. Beides klein schneiden. Thymian waschen und trocken schütteln.

3 Das Gemüse im Bratfett kräftig anbraten, Thymian dazugeben. Das Fleisch auf das Gemüse setzen und ¼ l Tomatensaft angießen. Zugedeckt bei mittlerer Hitze ca. 3 Std. schmoren, dabei nach und nach den gesamten Tomatensaft dazugeben.

4 Thymianzweige entfernen. Braten aus der Sauce nehmen und abgedeckt 10 Min. ruhen lassen. Die Sauce pürieren, noch einmal aufkochen lassen und mit Salz und Pfeffer abschmecken.

5 Den Braten halbieren. Eine Hälfte beiseitestellen (siehe Tipp), die andere in dünnere Scheiben schneiden und mit der Hälfte der Tomatensauce servieren. Dazu schmecken Kartoffeln, Bandnudeln oder Spätzle und ein grüner Salat.

TIPP

Braten macht wenig Arbeit – man muss ihn nur rechtzeitig ansetzen. Außerdem hat man auf diese Weise zwei Mahlzeiten zubereitet. Den Rest am besten vorher beiseitestellen und in der Sauce am nächsten Tag erwärmen oder in Scheiben tiefkühlen.

RAHM-RÖLLCHEN

FÜR 4 PERSONEN

1 dicke Möhre | 100 g Sellerie | 250 g Zucchini | 1 Zwiebel | 4 Scheiben Rinderroulade (à ca. 120 g) | 4 EL milder Senf | Salz | Pfeffer | 2 EL Rapsöl | 2 EL Tomatenmark | 100 g Sahne | Rouladennadeln

Zubereitungszeit: 30 Min. | Schmorzeit: 1 Std. 30 Min.

Pro Portion ca. 270 kcal, 10 g E, 17 g F, 15 g KH

1 Möhre und Sellerie waschen, schälen und fein würfeln. Zucchini waschen und die Enden abschneiden. Zucchini längs in dünne Streifen hobeln oder mit dem Sparschäler schneiden. Zwiebel schälen und fein hacken.

2 Rouladen mit Senf bestreichen, salzen und pfeffern. Mit der Hälfte der Zwiebeln bestreuen, mit Zucchini belegen, eng aufrollen und mit einer Rouladennadel fixieren. Übrige Zucchinistreifen hacken.

3 Öl in einem Bräter erhitzen, die Rouladen darin rundherum anbraten. Übriges Gemüse und Tomatenmark dazugeben, Deckel auflegen und mitbraten. 500 ml heißes Wasser dazugeben und 1 Std. 30 Min. schmoren.

4 Rouladen herausnehmen, Spieße entfernen. Gemüse pürieren, mit Sahne, Salz und Pfeffer abschmecken. Rouladen in die Sauce geben. Dazu passen Bohnen und Salzkartoffeln.

STEAKS
im Saucensee

FÜR 4 PERSONEN

1 Zwiebel | 4 Stangen Staudensellerie | 200 g Möhren | 1 Stange Lauch | 2 EL Öl | 4 kleine Steaks | 3 EL Tomatenmark | Salz | Pfeffer | ½ l Gemüsebrühe | 100 g Sahne

Zubereitungszeit: 35 Min.

Pro Portion ca. 325 kcal, 14 g E, 25 g F, 10 g KH

1 Die Zwiebel schälen und grob würfeln. Staudensellerie waschen, putzen und klein schneiden. Möhren waschen, schälen und in kleine Würfel schneiden. Lauch putzen, gründlich waschen und in Ringe schneiden.

2 1 EL Öl in einem Topf erhitzen und die Steaks darin von beiden Seiten insgesamt ca. 5 Min. kräftig anbraten, herausnehmen und warm halten.

3 Das übrige Öl im Topf erhitzen und das vorbereitete Gemüse darin mit dem Tomatenmark anbraten, salzen und pfeffern. Die Brühe dazugießen und ca. 15 Min. bei mittlerer Hitze zugedeckt weich schmoren.

4 Das Gemüse pürieren und mit Salz, Pfeffer und Sahne abschmecken, evtl. etwas Wasser dazugeben. Die Steaks mit dem ausgetretenen Saft darin nachziehen lassen. Dazu passen Spätzle, Baguette oder Reis und ein bunter Salat.

Grundrezept

GEMÜSE FÜR DEN GRILL

Prep-Marinaden

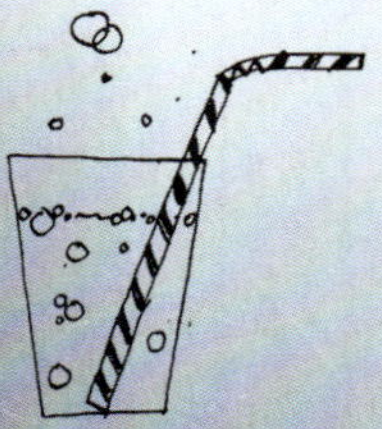

Für 8 Portionen 100 ml Öl (Raps-, Oliven-, Sonnenblumen- oder Sojaöl) mit 3 EL Zitronensaft vermischen, salzen und pfeffern. Gewürze und hitzefeste Kräuter nach Wunsch zugeben. Das Gemüse waschen, putzen und in fingerdicke Stücke schneiden, in der Marinade mind. 2 Std. ziehen lassen. Das Grillgut abtropfen lassen und grillen, bis es leicht zu bräunen beginnt. Dann wenden.

Süßkartoffel

1 EL gehackten Thymian, 1 gepresste Knoblauchzehe und 2 EL Tomatenmark mit der Hälfte der Marinade verrühren. 500 g Süßkartoffelscheiben einlegen. Dazu passt Guacamole (siehe S. 71).

Pilze

2 TL getrocknete italienische Kräuter und 2 EL gemahlene Nüsse mit der Hälfte der Marinade verrühren. 250 g entstielte, große Champignons und 250 g halbierte Kräuterseitlinge darin ziehen lassen. Dazu passt Ajvar-Creme (siehe S. 44)

Zucchini & Wassermelone

1 EL gehackten Rosmarin und 1 EL Aceto balsamico zur Hälfte der Marinade geben. 400 g Zucchini und 200 g Wassermelone in Scheiben darin ziehen lassen. Dazu passen Fetabrösel.

Spargel & Brokkoli

2 TL Currypulver und 1 EL Senf in die Hälfte der Marinade einrühren. 250 g geschälten Spargel und 250 g Brokkoliröschen darin ziehen lassen. Dazu passt Hummus (siehe S. 54).

Maiskolben

Je 1 TL Bio-Orangenabrieb und gehackten Ingwer unter die Hälfte der Marinade mischen. 4 große Maiskolben darin ziehen lassen. Dazu passt Fetacreme (siehe S. 113).

KNUSPERREIS
vom Blech

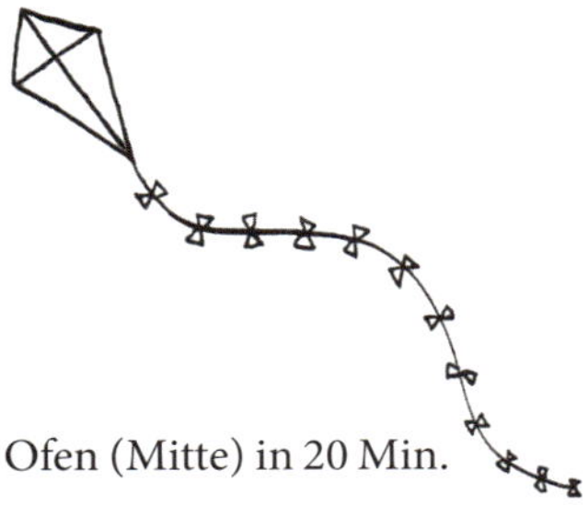

FÜR 4 PERSONEN

2 Knoblauchzehen | 1 Zwiebel | 1 Stück Ingwer (3 cm lang) | 3 EL Öl | 250 g Langkornreis | 500 ml Gemüsebrühe | 2 Frühlingszwiebeln | 400 g Hokkaido-Kürbis | 400 g Wirsing | ca. 200 g Bratenreste | 30 g Cashewkerne | Salz

Zubereitungszeit: 50 Min.
Pro Portion ca. 460 kcal, 13 g E, 14 g F, 72 g KH

1 Knoblauchzehen, Zwiebel und Ingwer schälen und fein hacken, in 1 EL Öl anbraten. Den Reis kurz mitbraten, die Brühe dazugeben und alles aufkochen. 20 Min. bei kleiner Hitze quellen lassen. Den Backofen auf 200° vorheizen.

2 Die Frühlingszwiebeln waschen, putzen und in dünne Ringe schneiden. Kürbis waschen, Fasern und Kerne entfernen. Das Fruchtfleisch erst in schmale Spalten, dann in kleine Stücke schneiden. Den Wirsing waschen, putzen und in dünne Streifen schneiden. Die Bratenreste in kleine Stücke schneiden.

3 Ein Backblech mit Backpapier auslegen. Den Reis mit Frühlingszwiebeln, Wirsing, Cashewkernen, Fleisch und restlichem Öl mischen, salzen. Auf dem Blech verteilen und im heißen Ofen (Mitte) in 20 Min. knusprig backen.

VARIANTE

Schmeckt auch mit Schinken anstelle der Bratenreste oder für Veggies mit 100 g Cashewkernen.

TIPP

Das Rezept ist eine ideale Resteverwertung für Fleisch, Reis oder Gemüse. Je weniger Fleisch da ist, desto mehr Cashewkerne brauchen Sie, damit alle satt werden.

One-Pot-Pasta mit BLUMENKOHL

FÜR 4 PERSONEN

1 Blumenkohl (ca. 800 g) | 200 g Zuckerschoten | 250 g Nudeln | Salz | 1 Dose Kokosmilch (400 ml) | Pfeffer | 3 EL Zitronensaft | frisch geriebene Muskatnuss | 1 Stück Ingwer (2 cm lang)

Zubereitungszeit: 30 Min.

Pro Portion ca. 290 kcal, 12 g E, 2 g F, 54 g KH

1 Den Blumenkohl waschen, putzen und in kleine Röschen teilen, Strunk schälen und klein schneiden. Die Blätter von den Rippen schneiden und hacken. Die Zuckerschoten putzen, bei Bedarf entfädeln und schräg halbieren.

2 Den Blumenkohl mit Grün und die Nudeln in einen großen Topf geben. 500 ml heißes Wasser angießen, salzen, aufkochen und ca. 10 Min. bei kleiner Hitze köcheln lassen. Die Zuckerschoten in den letzten 3 Min. mitgaren. Gelegentlich umrühren.

3 Kokosmilch dazugeben. Mit Pfeffer, Zitronensaft und Muskat abschmecken. Den Ingwer reiben, unterrühren und die Blumenkohlpasta servieren.

Milder LINSEN-CURRY-Topf

FÜR 4 PERSONEN

500 g Kartoffeln | 1 Knoblauchzehe | 500 ml Gemüsebrühe | 200 g rote Linsen | 2 TL mildes Currypulver | 1 TL gemahlene Kurkuma | Salz | Pfeffer | 2 Orangen | 150 g Halloumi | 1 EL Rapsöl

Zubereitungszeit: 40 Min.

Pro Portion ca. 415 kcal, 24 g E, 13 g F, 49 g KH

1 Die Kartoffeln waschen, schälen und in 2 cm große Würfel schneiden. Den Knoblauch schälen und fein hacken. Die Kartoffeln in der Brühe ca. 15 Min. weich kochen. Nach 10 Min. die roten Linsen mitgaren.

2 Knoblauch, Currypulver und Kurkuma zu den Kartoffeln geben. Mit Salz und Pfeffer abschmecken.

3 Die Orangen bis aufs Fruchtfleisch schälen, in Segmente teilen, dabei das weiße Innere entfernen und das Fruchtfleisch in kleine Stücke schneiden, samt Saft in den Topf geben und nur noch heiß werden lassen.

4 Den Halloumi in Würfel schneiden. Das Öl in einer Pfanne erhitzen und den Käse darin knusprig braten. Halloumiwürfel auf dem Linsentopf anrichten.

Lecker-Schmecker-LINSEN

FÜR 4 PERSONEN

300 g Spiralnudeln | Salz | 1 Zwiebel | 2 Knoblauchzehen | 2 EL Öl | 1 Dose stückige Tomaten (400 g) | 150 g TK-Spinat | 100 g Sahne | 1 Dose Linsen (400 g) | Pfeffer | 2 EL Obstessig

Zubereitungszeit: 30 Min.

Pro Portion ca. 505 kcal, 18 g E, 15 g F, 72 g KH

1 Die Nudeln nach Packungsanweisung in Salzwasser bissfest garen, abgießen.

2 Inzwischen Zwiebel und Knoblauch schälen und fein würfeln. Das Öl in einer Pfanne erhitzen und Zwiebeln und Knoblauch darin glasig andünsten. Tomaten samt Saft und Spinat dazugeben, erhitzen. Die Sahne und die Nudeln unterrühren.

3 Die Linsen abgießen, dazugeben, kurz aufkochen und alles mit Salz, Pfeffer und Essig abschmecken. Den Linsentopf auf Teller verteilen und sofort servieren.

TIPP

Wer mag, kann statt Dosenlinsen 100 g getrocknete rote Linsen für ca. 10 Min. in der Tomatensauce mitgaren.

SPARGEL-REIS-Topf mit Huhn

FÜR 4 PERSONEN

1 Bio-Orange | 2 EL Öl | 250 g parboiled Reis | Salz | 150 g Hähnchenbrustfilet | 600 g grüner Spargel | 100 g Crème fraîche | 1 Bund Basilikum | Pfeffer

Zubereitungszeit: 30 Min.

Pro Portion ca. 435 kcal, 15 g E, 16 g F, 54 g KH

1 Die Orange heiß abwaschen, abtrocknen und die Schale abreiben. Die Orange halbieren und den Saft auspressen.

2 Das Öl in einem Topf erhitzen, Reis mit Orangenabrieb darin glasig andünsten. 400 ml Wasser angießen. ½ TL Salz dazugeben und zugedeckt bei kleiner Hitze ca. 20 Min. köcheln lassen.

3 Inzwischen das Hähnchenfleisch abbrausen, trocken tupfen und in mundgerechte Stücke schneiden. Den Spargel im unteren Drittel schälen, Enden abschneiden und die Stangen in ca. 2 cm große Stücke schneiden. Beides ca. 10 Min. im Reis mitgaren, evtl. Wasser dazugeben.

4 Crème fraîche, Orangensaft und -schale unterrühren, pfeffern. Basilikum abbrausen, trocken schütteln, fein hacken, unter den Reis ziehen und heiß werden lassen.

Erbsen-Cashew-NUDELN mit Käserahm

FÜR 4 PERSONEN

250 g Bandnudeln | Salz | 1 Stange Lauch | 2 EL Rapsöl | 150 g Kräuterfrischkäse | 400 g TK-Erbsen | 30 g Cashewkerne | Pfeffer | 2 EL Zitronensaft

Zubereitungszeit: 30 Min.

Pro Portion ca. 455 kcal, 20 g E, 13 g F, 62 g KH

1 Die Nudeln nach Packungsanweisung in Salzwasser kochen. Danach abgießen und das Nudelwasser auffangen.

2 Lauch putzen, gründlich waschen, in Ringe schneiden. Im Öl in einer weiten Pfanne anbraten, 200 ml Nudelwasser dazugießen und zugedeckt köcheln.

3 Wenn der Lauch gar ist, den Frischkäse und die TK-Erbsen unterrühren, heiß werden lassen, bei Bedarf noch Nudelwasser dazugeben.

4 Cashewkerne fein hacken. Die Nudeln unterziehen und kurz heiß werden lassen. Mit Pfeffer und Zitronensaft abschmecken, mit gehackten Cashewkernen anrichten.

KULLERPFANNE

FÜR 4 PERSONEN

600 g Rosenkohl | Salz | 1 Zwiebel | 2 EL Rapsöl | 200 g Maroni (gegart, vakuumiert) | 500 g Gnocchi (Fertigprodukt; Kühlregal) | 150 ml Sojacreme | Pfeffer | frisch geriebene Muskatnuss | 2 EL getrocknete Steinpilze

Zubereitungszeit: 30 Min.

Pro Portion ca. 450 kcal, 16 g E, 13 g F, 67 g KH

1 Den Rosenkohl waschen, putzen und die Stiele kreuzweise einschneiden. Mit ca. 250 ml Salzwasser in einen Topf füllen, zum Kochen bringen und in 15 Min. bissfest kochen.

2 Inzwischen die Zwiebel schälen und fein hacken. Das Öl in einer Pfanne erhitzen und die Zwiebeln darin anbraten, die Maroni kurz mitbraten und den Rosenkohl samt Garflüssigkeit dazugeben.

3 Gnocchi und Sojacreme dazugeben und bei kleiner Hitze zugedeckt 2–3 Min. ziehen lassen, bei Bedarf Wasser hinzufügen. Steinpilze im Blitzhacker zerkleinern. Mit Pfeffer, Muskat, Salz und Pilzen würzen.

VARIANTE

Statt der getrockneten Steinpilze passen auch getrocknete, gehackte Tomaten.

Veggie-MÖHRENLASAGNE

FÜR 1 AUFLAUFFORM (24 × 34 CM)

1 kg Möhren | 4 Tomaten | 1 Knoblauchzehe | 1 EL Currypulver | 250 ml Gemüsebrühe | 150 ml Milch | 150 g saure Sahne | Salz | Pfeffer | 250 g Lasagneblätter (ca. 15 Stück) | 120 g geriebener Emmentaler oder Gouda | Butter für die Form

Zubereitungszeit: 35 Min. | Backzeit: 40 Min.
Pro Portion ca. 560 kcal, 18 g E, 24 g F, 65 g KH

1 Den Backofen auf 200° vorheizen. Die Möhren waschen und schälen. Tomaten waschen. Knoblauch schälen. Die Hälfte der Möhren in große Stücke schneiden und mit Knoblauch und Currypulver in der Brühe in ca. 15 Min. gar kochen.

2 Die restlichen Möhren fein raspeln. Von den Tomaten die Stielansätze entfernen. Die Früchte in dünne Scheiben schneiden.

3 Milch und saure Sahne zu den gekochten Möhren geben und alles fein pürieren. Mit Salz und Pfeffer würzen.

4 Die Auflaufform fetten. Abwechselnd Möhrensauce, Möhrenraspel und Tomatenscheiben mit Lasagneblättern einschichten, immer mit etwas Käse bestreuen. Mit Möhrensauce abschließen und den restlichen Käse darüber verteilen. Im heißen Ofen (Mitte) in 30–40 Min. goldbraun backen.

VARIANTE

Für eine Spinatlasagne einfach die Möhren durch 500 g TK-Spinat ersetzen, mit Muskat statt Currypulver würzen. Für eine Kürbislasagne die Möhren durch Hokkaido- oder Butternutkürbis ersetzen.

FAKIRBOHNEN

FÜR 4 PERSONEN

600 g grüne Bohnen (frisch oder TK) | 1 Zwiebel | 1 Knoblauchzehe | 40 g Schinkenwürfel | 3 EL Rapsöl | 500 ml Milch | 200 g Polenta (Maisgrieß) | 60 g Parmesan | Salz | Pfeffer

Zubereitungszeit: 30 Min. | Backzeit: 20 Min.
Pro Portion ca. 440 kcal, 19 g E, 17 g F, 54 g KH

1 Die Bohnen waschen und die Enden abknipsen. In einem Siebeinsatz über kochendem Wasser ca. 15 Min. vorgaren. TK-Bohnen unaufgetaut ca. 15 Min. dämpfen.

2 Zwiebel und Knoblauch schälen und fein hacken, mit den Schinkenwürfeln in 2 EL Öl anbraten. 200 ml Wasser angießen, Milch, Polenta und die Hälfte des Parmesans dazugeben und aufkochen. Mit Salz und Pfeffer würzen. Backofen auf 200° vorheizen.

3 Die Auflaufform mit dem restlichen Öl fetten. Polenta einfüllen und mit einem angefeuchteten Teigschaber glatt streichen. Die Bohnen aufrecht hineinstecken. Den restlichen Parmesan über die Polenta streuen. Im heißen Ofen (Mitte) 20 Min. backen.

NUDELAUFLAUF

FÜR 4 PERSONEN

450 g TK-Rahmspinat | 250 g Spiralnudeln | Salz | 1 Knoblauchzehe | Pfeffer | frisch geriebene Muskatnuss | 3 Eier | 150 g milder Weichkäse (z. B. Brie) | 100 ml Milch | Fett für die Form

Zubereitungszeit: 15 Min. | Backzeit: 15 Min.
Pro Portion ca. 455 kcal, 24 g E, 18 g F, 47 g KH

1 Den Spinat auftauen lassen. Die Nudeln nach Packungsanweisung in Salzwasser bissfest kochen, dann abgießen.

2 Knoblauch schälen und fein hacken. Spinat mit Knoblauch, Pfeffer und Muskat mischen. Backofen auf 200° vorheizen. Eine flache Auflaufform fetten.

3 Die Eier verquirlen und mit Spinat und Nudeln mischen, in die Form füllen. Den Käse mit der Milch pürieren und über dem Auflauf verteilen.

4 Im heißen Ofen (Mitte) 15 Min. backen.

VARIANTE

Statt Spinat 450 g TK-Erbsen oder 400 g Brokkoliröschen verwenden. Statt Weichkäse passt auch Frischkäse.

KARTOFFEL-
Zweierlei

FÜR 1 AUFLAUFFORM (20 × 30 CM)

800 g Kartoffeln | 450 g Süßkartoffeln | 250 ml Milch | 200 g Sahne | 2 TL getrocknete italienische Kräuter | Salz | Pfeffer | 30 g Sesam

Zubereitungszeit: 30 Min. | Backzeit: 1 Std.
Pro Portion ca. 455 kcal, 9 g E, 23 g F, 53 g KH

1 Backofen auf 200° vorheizen. Beide Kartoffelarten waschen, schälen und in dünne Scheiben hobeln. Schneller geht es in der Küchenmaschine.

2 Die Kartoffelscheiben im Wechsel in die Auflaufform schichten. Milch und Sahne mit den italienischen Kräutern verrühren, mit Salz und Pfeffer kräftig würzen und über das Gratin gießen. Anschließend mit den Sesam bestreuen.

3 Im heißen Ofen (Mitte) in 50–60 Min. überbacken, eventuell mit einem Deckel abdecken. Dazu passt Salat und kurzgebratener Fisch oder Fleisch.

VARIANTE

Statt Süßkartoffeln schmecken auch Fenchel, Kohlrabi und Bunte Beten. Jeweils in dünne Scheiben hobeln. Vorhandenes Grün fein hacken und mit einschichten.

Dachziegel-
AUFLAUF

FÜR 1 AUFLAUFFORM (20 × 30 CM)

750 g Fleischtomaten | 5 Brötchen vom Vortag (ca. 200 g) | 2 Kugeln Mozzarella (à 125 g) | 100 g Rucola | 5 EL Olivenöl | Salz | Pfeffer

Zubereitungszeit: 20 Min. | Backzeit: 20 Min.
Pro Portion ca. 440 kcal, 18 g E, 26 g F, 33 g KH

1 Den Backofen auf 200° vorheizen. Die Tomaten waschen, trocken reiben und die Stielansätze herausschneiden. Die Tomaten in ca. ½ cm breite Scheiben schneiden.

2 Die Brötchen in ca. 1 cm breite Scheiben schneiden. Den Mozzarella in dünne Scheiben schneiden. Den Rucola waschen, trocken schütteln und ohne Stiele klein schneiden.

3 Den Boden der Auflaufform mit 1 EL Olivenöl einpinseln. Nun im Wechsel Brot, Tomaten, Rucola und Mozzarella dachziegelartig in die Form schichten. Mit dem restlichen Olivenöl beträufeln und mit Salz und Pfeffer würzen.

4 Den Auflauf im heißen Ofen (Mitte) 15–20 Min. backen, bis der Käse geschmolzen ist.

WOK-ENTE

FÜR 4 PERSONEN

2 kleine Entenbrüste (à ca. 200 g) | Sojasauce | Pfeffer | 1 EL Öl | 6 kleine Möhren | 400 g Mangold | 1 Stück Ingwer (5 cm lang) | 100 g Sojasprossen

Zubereitungszeit: 30 Min.

Pro Portion ca. 260 kcal, 23 g E, 13 g F, 10 g KH

1 Die Entenbrüste mit Sojasauce und Pfeffer einreiben. Das Öl in einer Pfanne erhitzen und die Entenbrüste darin rundherum kräftig anbraten. Dann auf der Hautseite bei mittlerer Hitze 8 Min. braten, sodass das Fett ausbrät.

2 Inzwischen die Möhren waschen, schälen und in Streifen schneiden oder hobeln. Den Mangold waschen, putzen und die Stiele quer in Streifen schneiden, die Blätter grob hacken. Den Ingwer schälen und fein hacken.

3 Die Entenbrust aus dem Wok nehmen, eventuell etwas Fett abgießen. Das Fleisch quer in dünne Scheiben schneiden. Ingwer, Möhren und Mangoldstiele im übrigen Bratfett im Wok unter Rühren 5 Min. braten.

4 Die Mangoldblätter dazugeben und weitere 5 Min. braten. Zum Schluss Sojasprossen und Fleisch ca. 2 Min. mitbraten, mit Sojasauce und Pfeffer würzen. Dazu passt Basmatireis.

VARIANTE

Statt Mangold passen auch Pak Choi oder Chinakohl. Wenn Sie statt Ente Putenbrust verwenden, brauchen Sie etwas mehr Öl. Dann das Fleisch in Streifen schneiden, rundherum braun braten, aus dem Wok nehmen, warm halten und am Ende wieder hinzufügen. Es klappt auch mit Hähnchenbrust: Das Fleisch würfeln, im Öl ca. 8 Min. braten, herausnehmen, warm halten und zum Schluss wieder dazugeben.

Bunter TOFU

FÜR 4 PERSONEN

400 g Tofu (natur) | 3 EL Sojasauce | Salz | Pfeffer | 3 EL Rapsöl | 2 EL Sesam | 2 Frühlingszwiebeln | 300 g Brokkoli | 3 Möhren | 100 g Sojasprossen | 200 g Zuckerschoten | 2 Kaffir-Limettenblätter | 2 EL Sesamöl

Zubereitungszeit: 35 Min.

Pro Portion ca. 310 kcal, 17 g E, 22 g F, 11 g KH

1 Den Tofu abtropfen lassen und in mundgerechte Stücke schneiden. Aus 2 EL Sojasauce, Salz, Pfeffer und Öl eine Marinade rühren. Den Tofu darin 20 Min. marinieren, mehrmals wenden. Sesam ohne Fett anrösten.

2 Das Gemüse waschen. Frühlingszwiebeln in Ringe schneiden. Brokkoli in Röschen teilen, Stiele schälen und klein würfeln. Möhren schälen und in fingerdicke Scheiben schneiden. Sprossen waschen und abtropfen lassen. Zuckerschoten entfädeln und schräg in Stücke schneiden.

3 Tofu mit Limettenblättern im heißen Sesamöl im Wok anbraten. Möhren, Frühlingszwiebeln und Brokkoli dazugeben, 5 Min. mitbraten. Zuckerschoten und Sojasprossen dazugeben und weitere 3 Min. unter Rühren braten. Mit Tofumarinade und Sojasauce würzen. Limettenblätter entfernen. Sesam aufstreuen. Mit Reis servieren.

KRABBEN-Nester

FÜR 4 PERSONEN

300 g chinesische Eiernudeln | 1 kleiner Spitzkohl | 250 g Paprika | 1 Zwiebel | 1 Knoblauchzehe | 4 EL Öl | 200 g geschälte Krabben | Sojasauce | 2 TL Meerrettich (Glas) | 100 ml Orangensaft

Zubereitungszeit: 20 Min.

Pro Portion ca. 475 kcal, 22 g E, 13 g F, 66 g KH

1 Die Nudeln nach Packungsanweisung in kochendem Salzwasser ziehen lassen, dann abgießen.

2 Inzwischen den Spitzkohl waschen und halbieren. Den Strunk keilförmig herausschneiden und den Kohl in feine Streifen schneiden. Die Paprika waschen, halbieren, weiße Trennwände und Kerne entfernen und die Hälften in dünne Streifen schneiden. Zwiebel und Knoblauch schälen und fein hacken.

3 Das Öl im Wok (oder einer tiefen Pfanne) erhitzen und Zwiebeln, Paprika, Knoblauch und Kohl darin unter ständigem Rühren braten. Nach 5 Min. die Krabben und die Nudeln hinzufügen. 3 Min. heiß werden lassen. Mit Sojasauce, Meerrettich und Orangensaft abschmecken.

Brokkoli-
FLAMMKUCHEN

FÜR 4 PERSONEN

300 g Mehl (Type 1050) | ½ Päckchen Trockenhefe | Salz | 500 g Brokkoli | 100 g Frühstücksspeck | 200 g Schmand | 2 EL Milch | 100 g geriebener Käse | Pfeffer

Zubereitungszeit: 30 Min. | Ruhezeit: 1 Std. | Backzeit: 20 Min.
Pro Portion ca. 460 kcal, 23 g E, 17 g F, 53 g KH

1 Das Mehl mit der Hefe mischen. 150–200 ml lauwarmes Wasser und 1 ½ TL Salz dazugeben und alles zu einem geschmeidigen Teig verkneten. Zugedeckt an einem warmen Ort ca. 1 Std. gehen lassen.

2 Inzwischen den Brokkoli waschen und die Röschen vom Stiel schneiden, den Stiel fein würfeln. Den Speck in feine Streifen schneiden und in einer Pfanne bei mittlerer Hitze auslassen, die Brokkoliwürfel 2 Min. mitdünsten.

3 Backofen samt Backblech auf 200° vorheizen. Speck, Brokkoliwürfel, Schmand, Milch und Käse vermengen und mit Salz und Pfeffer würzen.

4 Den Hefeteig gut durchkneten, auf Backpapier ausrollen und auf das heiße Blech ziehen. Den Belag gleichmäßig darauf verteilen, mit Brokkoliröschen belegen. Im heißen Ofen (unten) 15–20 Min. backen.

VARIANTE

Sie können statt Brokkoli grünen Spargel oder Champignons verwenden. Speck durch gehackte Walnüsse und 1–2 EL Öl ersetzen.

GEMÜSEKUCHEN

FÜR 1 QUICHEFORM (26 CM Ø)

150 g kalte Butter | 250 g Mehl (Type 1050) | 1 EL Zitronensaft | 1 EL saure Sahne | Salz | 500 g junge Möhren | 100 g Bärlauch (ersatzweise Rucola) | 2 Eier | 3 EL Sahne | Pfeffer | 1 TL Currypulver | 100 g Ziegenfrischkäse | Butter für die Form

Zubereitungszeit: 25 Min. | Ruhezeit: 30 Min. | Backzeit: 50 Min.
Pro Portion ca. 465 kcal, 11 g E, 32 g F, 33 g KH

1 Die Butter in Stückchen auf dem Mehl verteilen. Zitronensaft, saure Sahne und 1 TL Salz dazugeben und rasch zu einem glatten Teig verkneten, in Frischhaltefolie wickeln und 30 Min. ruhen lassen.

2 Die Möhren waschen, schälen und längs halbieren. Bärlauch waschen und trocken schütteln. Die Eier trennen. Eigelbe mit Sahne, ½ TL Salz, Pfeffer, Currypulver und dem Frischkäse verquirlen. Die Eiweiße steif schlagen und unterheben.

3 Den Backofen auf 180° vorheizen. Die Form fetten. Den Teig ausrollen und in die Form legen. Mehrfach mit einer Gabel einstechen. Möhren und Bärlauch sternförmig darauf verteilen. Eiermasse darüber geben und die Quiche im heißen Ofen (Mitte) 50 Min. backen. Falls die Quiche zu schnell braun wird, nach 30 Min. mit Backpapier abdecken.

Aufgespießte KARTOFFELN

FÜR 4 PERSONEN

24 ganz kleine, neue Kartoffeln (Drillinge) | Salz | 1 EL getrockneter Rosmarin | 1 rote Paprika | 12 Kirschtomaten | 12 Basilikumblätter | 10 g Rucola | 50 g Ziegenfrischkäse | 12 Oliven | 12 dünne Salamischeiben | 12 Cornichons | 24 Holzspieße

Zubereitungszeit: 20 Min. | Backzeit: 45 Min.

Pro Portion ca. 320 kcal, 11 g E, 14 g F, 36 g KH

1 Den Backofen auf 180° vorheizen. Die Kartoffeln waschen, auf ein Backblech legen und mit Salz und Rosmarin bestreuen. Im heißen Ofen (Mitte) 45 Min. garen, dann leicht abkühlen lassen.

2 Paprika waschen, halbieren, weiße Trennwände und Kerne entfernen und die Hälften in Stücke schneiden. Tomaten waschen, Basilikum und Rucola waschen und trocken schütteln.

3 Für Tomaten-Frischkäse-Spieße die Hälfte der Kartoffeln mit Frischkäse bestreichen, je 1 Kartoffel mit Tomaten und Basilikum oder Oliven aufspießen.

4 Die restlichen Kartoffeln mit Salami, Paprikastücken und Rucola oder Cornichons aufspießen.

TIPP

Mit einer Marinade (siehe S. 124) werden die Ofenkartoffeln würziger. Vor dem Backen marinieren.

KNABBERMAIS

FÜR 4 PERSONEN

1 Bio-Zitrone | ½ Bund Petersilie | 4 EL weiche Butter | Salz | Pfeffer | 1 TL Zucker | 4 Maiskolben | Holzspieße

Zubereitungszeit: 25 Min.

Pro Portion ca. 310 kcal, 5 g E, 13 g F, 43 g KH

1 Die Zitrone heiß abwaschen. Die Schale abreiben, die Zitrone halbieren und eine Hälfte auspressen. Die Petersilie waschen, trocken schütteln und fein hacken. Die Butter mit Petersilie, 1 EL Zitronensaft und -schale verrühren, mit Salz und Pfeffer würzen.

2 In einem Topf reichlich Wasser mit dem Zucker zum Kochen bringen. Von den Maiskolben die äußeren Blätter entfernen, die zarten stehen lassen. Mais in das kochende Wasser geben und je nach Größe ca. 15 Min. kochen. Herausnehmen und die restlichen Blätter und Fäden entfernen.

3 Die Kolben eventuell halbieren und seitlich je 1 Holzspieß zum Festhalten hineinstecken. Die Zitronenbutter in Flöckchen auf den Maiskolben verteilen.

Hackfleisch-MUFFINS

FÜR 1 MUFFINFORM (12 STÜCK)

250 g TK-Spinat | 3 Frühlingszwiebeln | 1 Knoblauchzehe | 1 EL Öl | 300 g Kartoffeln | 1 Ei | 150 g gemischtes Hackfleisch | 3–4 EL Semmelbrösel | Salz | Pfeffer | edelsüßes Paprikapulver | 40 g Schafskäse (Feta) | 12 Kirschtomaten | 1 TL Sesam | Butter für die Form

Zubereitungszeit: 45 Min. | Backzeit: 15 Min.

Pro Stück ca. 95 kcal, 5 g E, 6 g F, 6 g KH

1 Den Spinat auftauen lassen und hacken. Die Frühlingszwiebeln putzen, waschen und in dünne Ringe schneiden. Knoblauch schälen und fein hacken.

2 Den Backofen auf 200° vorheizen. Die Mulden der Muffinform fetten oder mit Papierförmchen auskleiden.

3 Kartoffeln waschen, schälen und fein reiben. Mit Ei, Hackfleisch, Zwiebeln, Spinat und Knoblauch verkneten. So viele Semmelbrösel unterkneten, bis die Masse formbar wird. Mit Salz, Cayennepfeffer und Paprikapulver würzen.

4 Feta in 12 gleich große Würfel schneiden. Tomaten waschen und trocken tupfen. Teig mit einem Löffel in die Muffinmulden füllen, dabei je eine Tomate darin einbetten. Die Masse sollte die Tomate bedecken. Mit Sesam bestreuen, obenauf je einen Fetawürfel setzen. Im heißen Ofen (Mitte) ca. 15 Min. backen.

KNUSPERBROTE
aus dem Ofen

Tschüss, langweiliges Abendbrot! Im Backofen wird Brot vom Vortag geröstet und mit Resten belegt zum Knabberspaß: 8 Brotscheiben mit etwas Butter bestreichen oder Olivenöl beträufeln, bei 220° 4-5 Min. im Backofen rösten und dann belegen ...

Beste Resteverwertung

1 … mit Kartoffelbrei

1–2 Tassen Kartoffelpüree mit Kochschinkenwürfeln, gehackten Radieschen und Frühlingszwiebelringen toppen.

2 … mit Avocado

1 zerdrückte Avocado mit 1–2 Tassen Risottoresten, Zitronensaft, Schnittlauchröllchen und Parmesan mischen.

3 … mit Ei

Rührei aus 2 Eiern, 2 EL Milch, 4 EL Fetawürfeln und ½ Tasse Erbsen oder Gemüseresten und gehackten Kräutern braten.

4 … mit Braten

1 Tasse fein gewürfelte Reste von Hähnchen, Braten oder Ragout mit 2 EL Tomatenmark, 2–3 EL Sahne mischen und mit Kirschtomaten belegen.

5 … mit Käse

½ Tasse Käsereste mit ½ Tasse gehackten, gerösteten Kernen oder Nüssen und 1 Raspelapfel mischen und gehackten Rucola aufstreuen.

LAUGENRÖLLCHEN

FÜR 8 STÜCKE

4 Laugenstangen-Rohlinge (TK) | 4 kleine Zucchini (ca. 200 g) | 4 kleine Möhren | 50 g Schafskäse (Feta) | 2 Scheiben Schnittkäse (z. B. Gouda oder Edamer; ca. 40 g) | Mehl zum Arbeiten

Zubereitungszeit: 35 Min. | Auftauzeit: 1 Std. | Backzeit: 15 Min.

Pro Portion ca. 175 kcal, 7 g E, 4 g F, 27 g KH

1 Die Laugenstangen ca. 1 Std. auftauen lassen. Den Backofen auf 200° vorheizen. Ein Backblech mit Backpapier auslegen.

2 Zucchini und Möhren waschen, die Enden abschneiden. Die Möhren schälen, bei Bedarf beides auf ca. 8 cm kürzen. Möhren und Zucchini der Länge nach halbieren.

3 Feta in 4 schmale Streifen schneiden, Schnittkäse längs halbieren. Die Fetastreifen jeweils zwischen 2 Zucchinihälften, den Schnittkäse jeweils zwischen 2 Möhrenhälften legen.

4 Die Laugenstangen-Rohlinge quer halbieren. Je 1 Strang um 1 gefüllten Zucchino oder 1 Möhre wickeln. Teigstücke beim Wickeln in die Länge ziehen.

5 Die Röllchen auf das Blech legen und im heißen Ofen (Mitte) ca. 15 Min. backen.

TOMATENTEILCHEN

FÜR 8 STÜCKE

1 Packung Blätterteig (250 g; Kühlregal) | 4 EL gemahlene Mandeln | 100 g Ziegenkäse | 2 EL Semmelbrösel | 8 feste Tomaten | 1 EL Olivenöl | 8 Oliven ohne Stein | 1 TL Thymianblättchen | Pfeffer | Mehl zum Arbeiten

Zubereitungszeit: 40 Min. | Backzeit: 15 Min.

Pro Portion ca. 240 kcal, 7 g E, 16 g F, 17 g KH

1 Den Backofen auf 240° vorheizen. Ein Backblech mit Backpapier auslegen. Den Blätterteig auf einer bemehlten Arbeitsfläche ausbreiten und auf etwa 28 × 20 cm ausrollen. In 8 Rechtecke (7 × 10 cm) schneiden und auf das Blech legen.

2 Die gemahlenen Mandeln auf den Teigstücken verteilen, dabei rundherum einen Rand lassen. Den Ziegenkäse entrinden, das weiße Innere zerbröseln. Die Hälfte des Käses mit den Semmelbröseln auf die Mandeln streuen.

3 Die Tomaten waschen, halbieren, Strunk entfernen. Hälften in Scheiben schneiden. Je 1 Tomate dachziegelartig auf die Teilchen legen. Mit Öl bestreichen und mit dem restlichen Käse bestreuen. Im heißen Ofen (Mitte) ca. 15 Min. backen.

4 Inzwischen die Oliven klein schneiden. Mit dem Thymian auf die Teilchen streuen, mit Pfeffer würzen.

DRESSINGS
für den Vorrat

CREMIGES KRÄUTER-DRESSING

FÜR 12 PORTIONEN

Von 1 Bio-Zitrone die Schale abreiben, halbieren und Saft auspressen. ½ Bund Schnittlauch waschen, trocken schütteln und fein hacken. 2 EL Zitronensaft, 1 TL Zitronenabrieb, 1 TL Sahnemeerrettich (Glas), Schnittlauchröllchen und 4 EL Öl unter 200 g Joghurt ziehen. Mit 1 Schuss Mineralwasser verdünnen, mit Salz und Pfeffer abschmecken. Passt zu Salat aus: Feldsalat, Möhren, Zucchini, Gurken, Paprika, Sellerie und Nudeln.

Zubereitungszeit: 5 Min.
Pro Portion ca. 40 kcal, 1 g E, 4 g F, 1 g KH

TOMATENDRESSING

FÜR 12 PORTIONEN

150 ml Tomatensaft mit 2 EL Aceto balsamico, 3 EL Olivenöl und 50 g Sahne mit einem Schneebesen verrühren, 50 ml Wasser dazugeben, mit 2 EL gehacktem Basilikum, Sojasauce und Salz würzen. Passt zu Salat aus: Lollo rosso, Endivie, Kopfsalat, Feldsalat, Rucola, Tomaten, Paprika, Reis, Linsen.

Zubereitungszeit: 5 Min.
Pro Portion ca. 40 kcal, 0 g E, 4 g F, 1 g KH

MILDES ORANGENDRESSING

FÜR 12 PORTIONEN

100 ml frisch gepressten Orangensaft mit 150 ml Sojacreme, 2 EL Rapsöl, 1 EL Weißweinessig und 1 TL scharfem Senf verrühren. 1 kleine Zwiebel schälen und sehr fein hacken, unterziehen. Mit Salz und Pfeffer würzen. Dazu passt: Eisbergsalat, Endivie, Chicoree, Rucola, Möhren, Zucchini, Paprika, Kichererbsen.

Zubereitungszeit: 5 Min.
Pro Portion ca. 39 kcal, 0 g E, 3 g F, 2 g KH

GRÜNES POWER-DRESSING

FÜR 12 PORTIONEN

200 ml Gemüsebrühe abkühlen lassen. 1 Bund frische Kräuter waschen, trocken schütteln, fein hacken und mit der Brühe und 1 gegarten Kartoffel im Mixer pürieren. Mit 3 EL Kräuteressig, 1 EL Dijon-Senf, 4 EL Rapsöl verrühren, mit Salz und Pfeffer würzen. Es eignen sich auch TK-Kräuter für das Dressing. Passt zu Salat aus: Kraut, Möhren, Blattsalat, Rucola, Gurke, Kartoffeln.

Zubereitungszeit: 5 Min.
Pro Portion ca. 40 kcal, 0 g E, 4 g F, 1 g KH

Smarte Dressings fördern die Vitaminaufnahme und machen Salate noch gesünder. Im Kühlschrank sind sie vier Tage haltbar. Einfach in eine saubere Glasflasche füllen.

Grüner SAMT-SALAT

FÜR 4 PERSONEN

1 Knoblauchzehe | 150 g grüne Puy-Linsen | Salz | 1 Bio-Limette | 2 reife Avocados | Pfeffer | 2 EL Olivenöl | 1 kleiner Eisbergsalat | 2 Maiskolben | 500 g Tomaten | 1 kleine Zwiebel | 50 g grüne Oliven ohne Stein

Zubereitungszeit: 35 Min.

Pro Portion ca. 400 kcal, 15 g E, 18 g F, 46 g KH

1 Den Knoblauch schälen. Die Linsen in 200 ml Wasser mit etwas Salz und dem Knoblauch in ca. 15 Min. bissfest garen, abkühlen lassen.

2 Limette waschen, Schale abreiben und den Saft auspressen. Die Avocados halbieren, die Kerne entfernen und das Fruchtfleisch auslösen. Das Fruchtfleisch würfeln, mit Limettensaft und -schale, Salz, Pfeffer und Öl mischen.

3 Den Eisbergsalat waschen, in kleine Rechtecke schneiden. Den Mais vom Kolben schneiden. Die Tomaten waschen und halbieren, Stielansätze entfernen und die Tomaten in Würfel schneiden. Die Zwiebel schälen, halbieren und fein hacken, die Oliven halbieren.

4 Alle Zutaten in einer Schüssel vermengen. Nochmals mit Salz und Pfeffer abschmecken.

Kicher-COUSCOUS-SALAT

FÜR 4 PERSONEN

1 Dose Kichererbsen (240 g) | 1 TL gemahlener Kreuzkümmel | 150 g Couscous | Salz | Pfeffer | 2 EL Olivenöl | 1 Bio-Zitrone | 1 Bund Rucola | 1 Bund Frühlingszwiebeln | 1 rote oder gelbe Paprika | 2 Tomaten | 100 g Schafskäse (Feta)

Zubereitungszeit: 20 Min.

Pro Portion ca. 310 kcal, 13 g E, 11 g F, 39 g KH

1 Die Kichererbsen gut abtropfen lassen, mit Kreuzkümmel in einer beschichteten Pfanne kurz anbraten. Couscous mit 250 ml kochendem Wasser überbrühen. Mit Salz, Pfeffer und Öl würzen, quellen lassen.

2 Die Zitrone waschen, abtrocknen und die Schale abreiben, den Saft auspressen. Rucola waschen, trocken schleudern und grob hacken. Frühlingszwiebeln waschen, putzen und in Ringe schneiden. Paprika waschen, halbieren, weiße Trennwände und Kerne entfernen. In Würfel schneiden. Tomaten waschen, Stielansätze entfernen und die Tomaten in kleine Würfel schneiden. Feta würfeln.

3 Couscous mit einer Gabel auflockern, mit Kichererbsen, Gemüse und Feta mischen und mit Salz, Pfeffer und Kreuzkümmel abschmecken.

KARTOFFELSALAT
mit Kürbiskernen

FÜR 4 PERSONEN

800 g festkochende Kartoffeln | Salz | 3 Eier | Pfeffer | 4 EL Öl | 200 ml Gemüsebrühe | 150 g TK-Erbsen | 1 EL Senf | 4 EL Apfelessig | 1 Bund Radieschen | 1 Bund Schnittlauch | 3 EL Kürbiskerne

Zubereitungszeit: 30 Min.

Pro Portion ca. 355 kcal, 14 g E, 19 g F, 31 g KH

1 Die Kartoffeln waschen und mit Schale in wenig Salzwasser gar kochen. Inzwischen die Eier mit 4 EL Wasser verquirlen, salzen und pfeffern. 1 EL Öl in einer Pfanne erhitzen und die Masse zu Rührei braten.

2 Die Brühe erwärmen, die Erbsen darin kurz erhitzen, in ein Sieb abgießen, die Brühe auffangen. Brühe, Senf, Pfeffer, übriges Öl, Essig und Salz zu einem Dressing rühren.

3 Die Radieschen waschen, putzen und vierteln. Schnittlauch waschen, trocken schütteln und in Röllchen schneiden. Die Kartoffeln abgießen, pellen und in Scheiben in das Dressing schneiden.

4 Erbsen, Radieschen, Schnittlauchröllchen und Rührei unter das Dressing ziehen. Die Kürbiskerne in einer Pfanne ohne Fett anrösten und über den Salat streuen. Fertigen Kartoffelsalat noch warm servieren.

NUDELSALAT
mit Gemüse

FÜR 4 PERSONEN

150 g Vollkornnudeln (z. B. Hörnchen) | Salz | 400 g Süßkartoffeln | 400 g Zucchini | 3 EL Öl | Pfeffer | 4–5 EL Aceto balsamico bianco | 8 getrocknete Tomaten in Öl | 50 g Rucola | 40 g luftgetrockneter Schinken | ½ TL getrocknete Kräuter der Provence

Zubereitungszeit: 25 Min.

Pro Portion ca. 375 kcal, 12 g E, 13 g F, 47 g KH

1 Die Nudeln nach Packungsanweisung in Salzwasser bissfest garen, abgießen, etwas Nudelwasser aufheben.

2 Die Süßkartoffeln schälen, in 1 cm dicke Scheiben schneiden und goldbraun toasten. Abgekühlt in Würfel schneiden. Inzwischen die Zucchini waschen und längs vierteln. Ebenfalls in 1 cm dicke Scheiben schneiden. In Öl in einer Pfanne 3–4 Min. kräftig braten, salzen und pfeffern und mit Aceto balsamico bianco ablöschen.

3 Die Tomaten in ein Sieb abgießen, 3 EL Öl auffangen. Die abgetropften Tomaten fein hacken. Rucola waschen, trocken schleudern, harte Stiele entfernen. Rucola klein schneiden. Schinken in schmale Streifen schneiden.

4 Alle Zutaten mit den Nudeln und dem Tomatenöl mischen, mit Kräutern der Provence kräftig würzen.

GEMÜSEMIX *mit Nusszaziki*

FÜR 4 PERSONEN

500 g Möhren | 2 Zucchini | 4 Stangen Staudensellerie | 1 Bio-Zitrone | 2 EL Rapsöl | Salz | Pfeffer | 50 g Walnusskerne | ½ Salatgurke | 150 g Schmand | 250 g Skyr (isländischer Magerquark; ersatzweise Joghurt oder Quark)

Zubereitungszeit: 40 Min.

Pro Portion ca. 315 kcal, 13 g E, 23 g F, 14 g KH

1 Das Gemüse waschen. Die Möhren schälen, längs halbieren und in 4–6 cm lange Stifte schneiden. Von den Zucchini die Enden abschneiden. Zucchini vierteln und ebenfalls in Stifte schneiden. Staudensellerie entfädeln, das Grün hacken und beiseitelegen. Die Selleriestangen in Stifte schneiden. Zitrone heiß waschen, die Schale fein abreiben und den Saft auspressen.

2 In einer Pfanne Öl erhitzen, die Möhren darin anbraten und mit Salz und Pfeffer würzen. Zitronenschale und -saft, bis auf 1 TL dazugeben, zugedeckt 15 Min. schmoren. Nach 5 Min. Sellerie dazugeben, nach weiteren 5 Min. die Zucchinistreifen dazugeben. Das Gemüse mit Salz und Pfeffer abschmecken.

3 Inzwischen die Walnüsse hacken und in einer Pfanne ohne Fett goldbraun anrösten. Von der Gurke die Enden abschneiden und die Gurke grob raspeln.

4 Schmand, Skyr und übrigen Zitronensaft glatt rühren. Gurke mit Selleriegrün und Nüssen unter den Dip mischen. Salzen, pfeffern und zum Gemüse servieren. Dazu passen Fladenbrot oder Ofenkartoffeln. Der Dip schmeckt auch zu rohen Gemüsesticks.

OFENKNUSPEREI
mit Dip

FÜR 4 PERSONEN

1 kleiner Blumenkohl (ca. 500 g) | ½ kleiner Wirsing (500 g) | 5 EL Rapsöl | Salz | Pfeffer | 1 TL Currypulver | 2 TL edelsüßes Paprikapulver | 100 g geröstete Erdnusskerne | 200 g Sojacreme

Zubereitungszeit: 30 Min. | Backzeit: 20 Min.
Pro Portion ca. 390 kcal, 13 g E, 33 g F, 9 g KH

1 Das Gemüse waschen und putzen. Kleine Röschen vom Blumenkohl abschneiden, Blätter vom Wirsing abtrennen, bis sie sich nicht mehr voneinander lösen lassen, dicke Rippen herausschneiden, Blätter in mundgerechte Stücke zupfen, beiseitelegen. Strunk, Rippen und Wirsingherz grob zerkleinern, in 1 EL Öl andünsten, mit 200 ml Wasser aufgießen, salzen und pfeffern und zugedeckt ca. 20 Min. weich dünsten, ggf. Wasser angießen.

2 Inzwischen den Backofen auf 180° vorheizen. Die Blumenkohlröschen mit 2 EL Öl, Salz, Pfeffer und Currypulver mischen, auf einem mit Backpapier ausgelegten Blech verteilen. Im heißen Ofen (Mitte) ca. 20 Min. backen.

3 Wirsingblätter mit übrigem Öl, Salz, Pfeffer und Paprika mischen, auf ein zweites Backblech geben. Zum Blumenkohl in den Ofen schieben und bei 160° gemeinsam 12–16 Min. backen.

4 Das Gemüse im Topf mit den Erdnüssen und der Sojacreme fein pürieren, mit Salz und Pfeffer abschmecken, ggf. mit Wasser verdünnen. Zum Ofengemüse reichen.

WEISSKRAUTSALAT
mit Kürbiskernen

FÜR 4 PERSONEN

1 Bio-Zitrone | 400 g Weißkohl | 1 großer Apfel | Salz | Pfeffer | 50 ml Apfelsaft | 2 EL Tahin (Sesampaste) | 2 EL Rapsöl | 50 g Kürbiskerne

Zubereitungszeit: 30 Min.

Pro Portion ca. 200 kcal, 5 g E, 14 g F, 11 g KH

1 Die Zitrone heiß waschen, abtrocknen und die Schale abreiben. Die Zitrone halbieren und den Saft auspressen. Den Kohl hobeln oder in feine Streifen schneiden. Den Apfel waschen, das Kerngehäuse entfernen und das Fruchtfleisch grob raspeln. Beides mit Zitronensaft, Salz und Pfeffer vermengen und ziehen lassen.

2 Inzwischen Apfelsaft mit Zitronenabrieb, Tahin, Öl, Salz und Pfeffer verrühren. Dressing mit dem Apfel-Kraut mischen und nochmals mind. 10 Min. durchziehen lassen.

3 Kürbiskerne in einer Pfanne ohne Fett rösten und direkt heiß auf das Kraut geben, sofort servieren.

VARIANTE

Mit Kürbiskernöl statt Rapsöl wird der Salat leicht grün – und schmeckt nussig-aromatisch.

ROTE-BETE-SALAT
mit Granatapfel

FÜR 4 PERSONEN

500 g Rote Bete | 2 Granatäpfel | 1 rote Zwiebel | 2 EL Rapsöl | 2 EL Rotweinessig | 50 ml Maracujanektar | Salz | Pfeffer | 50 g Walnusskerne

Zubereitungszeit: 20 Min.

Pro Portion ca. 270 kcal, 5 g E, 14 g F, 29 g KH

1 Die Roten Beten waschen, schälen und in feine Streifen raspeln, am besten mit der Küchenmaschine. Granatäpfel halbieren. Die Hälften in Stücke brechen und die Kerne zwischen den Trennhäutchen herauslösen. Die Zwiebel schälen, halbieren und fein hacken.

2 Rote Bete mit Granatapfelkernen, Zwiebelwürfeln, Öl, Essig, Saft, Salz und Pfeffer vermischen. Walnüsse grob hacken und aufstreuen.

VARIANTE

Schmeckt auch mit fein gehobeltem Rotkohl und mit vorgekochter Roter Bete.

ZUCCHINIZAZIKI *mit Feta*

FÜR 4 PERSONEN

600 g Zucchini | 1 Bund Minze (30 g) | 3 Frühlingszwiebeln | ½ Zitrone | 150 ml Buttermilch | 2 EL Olivenöl | Salz | Pfeffer | 100 g Schafskäse (Feta) | 50 g Sonnenblumenkerne

Zubereitungszeit: 15 Min.

Pro Portion ca. 225 kcal, 11 g E, 17 g F, 7 g KH

1 Zucchini waschen, die Enden abschneiden. Die Zucchini in feine Streifen hobeln. Die Minze waschen, trocken schütteln, harte Stiele entfernen. Die Minze hacken. Frühlingszwiebeln waschen, putzen und in feine Ringe schneiden. Die Zitrone auspressen.

2 Buttermilch mit Zitronensaft, Öl, Minze, Salz und Pfeffer zu einem Dressing rühren, Zucchini unterziehen. Feta dazubröseln und abschmecken. Sonnenblumenkerne kurz rösten und auf dem Salat anrichten.

VARIANTE

Wer Minze nicht mag, nimmt Bärlauch, Sauerampfer, Koriander, Petersilie oder Dill.

ANANAS-RÜBLI-*Rohkost*

FÜR 4 PERSONEN

500 g Möhren | ½ Ananas | 100 ml Kokosmilch | Salz | Pfeffer | 2 EL Rapsöl | 50 g ungeschälte Mandeln

Zubereitungszeit: 20 Min.

Pro Portion ca. 230 kcal, 4 g E, 12 g F, 14 g KH

1 Die Möhren waschen, bei Bedarf schälen und fein raspeln. Die Ananas längs vierteln, schälen und den harten Strunk herausschneiden. Die Augen großzügig entfernen. Das Fruchtfleisch in dünne Scheiben und dann in schmale Streifen schneiden.

2 Die Kokosmilch mit Salz, Pfeffer und Öl verrühren, mit Möhren und Ananas mischen, abschmecken.

3 Mandeln grob hacken, in einer beschichteten Pfanne anrösten und auf dem Salat anrichten.

VARIANTE

Statt mit Mandeln mit Kokosraspeln mixen. Als Gewürze passen auch Kreuzkümmel und Kurkuma. Wer's saurer mag, schmeckt mit Zitronensaft ab.

OFENSCHLUPFER

FÜR 1 AUFLAUFFORM (24 × 34 CM)

4 Brötchen vom Vortag | 1 kg säuerliche Äpfel (z. B. Boskop) | ca. 500 ml Milch | 3 Eier | 50 g Zucker | ½ TL gemahlene Vanille | 2 EL Butter | Zimt-Zucker (nach Belieben)

Zubereitungszeit: 30 Min. | Backzeit: 40 Min.
Pro Portion ca. 465 kcal, 15 g E, 15 g F, 66 g KH

1 Den Backofen auf 200° vorheizen. Die Brötchen in Scheiben schneiden. Die Äpfel waschen, vierteln, entkernen und würfeln.

2 Milch, Eier, Zucker und Vanille verquirlen. Die Auflaufform mit 1 EL Butter fetten. Die Brötchenscheiben kurz in die Milch-Ei-Mischung tauchen und im Wechsel mit den Äpfeln in die Form schichten. Mit einer Brötchenschicht abschließen.

3 Die restliche Milch-Ei-Mischung über den Auflauf gießen und die übrige Butter in Flöckchen darauf verteilen. Im heißen Ofen (unten) 35–40 Min. backen, bis die Ei-Milch-Mischung vollends gestockt ist. Nach 20 Min. mit Alufolie abdecken. Nach Belieben mit Zimt-Zucker bestreuen, noch warm servieren. Dazu passt Vanillesauce.

VARIANTE

Probieren Sie den Ofenschlupfer auch mit anderem Obst, z. B. mit Rhabarber, Stachelbeeren, Birnen, Kirschen, Aprikosen oder Zwetschgen. Sie können auch Hefezopfreste, Zwieback oder süße Brötchen verwenden. Je trockener, desto mehr Milch wird gebraucht.

Kirschen-SCHOKO-SPASS

FÜR 1 AUFLAUFFORM (24 × 34 CM)

400 g Schattenmorellen (aus dem Glas) | 1 TL Butter | 50 g gemahlene Mandeln | 100 g Dinkelgrieß | ½ TL Zimtpulver | 2 EL Kakaopulver | 3 Eier | 2 EL Zucker | 200 g Magerquark | 100 g Sahne

Zubereitungszeit: 20 Min. | Backzeit: 45 Min.
Pro Portion ca. 415 kcal, 19 g E, 22 g F, 31 g KH

1 Den Backofen auf 180° vorheizen. Die Kirschen in ein Sieb abgießen und gut abtropfen lassen. Die Auflaufform mit der Butter einfetten.

2 Die Mandeln in einer Pfanne ohne Fett anrösten, mit Grieß, Zimt- und Kakaopulver mischen.

3 Die Eier trennen. Eigelbe mit dem Zucker aufschlagen, Quark und Sahne unterrühren, den Grieß-Mix unterziehen. Eiweiße steif schlagen und unter die Masse heben.

4 Den Teig in die Form füllen und die Kirschen gleichmäßig darauf verteilen. Auflauf im heißen Ofen (unten) ca. 45 Min. backen.

SCHOKOZAUBER

FÜR 4 PERSONEN

80 g Soft-Datteln | 400 ml Milch | 2 EL Vollkornmehl | 50 g gemahlene Haselnüsse | 3 TL Kakaopulver | 100 g Sahne

Zubereitungszeit: 30 Min.

Pro Portion ca. 305 kcal, 7 g E, 20 g F, 23 g KH

1 Die Datteln grob hacken. 100 ml Milch mit dem Mehl glatt rühren. Die Datteln mit der übrigen Milch in einem Topf mischen und zum Kochen bringen, Milch-Mehl-Mix unter Rühren dazugeben und aufkochen lassen. Bei kleiner Hitze ca. 8 Min. kochen.

2 Die Haselnüsse und 2 TL Kakao mischen, zur Milch geben. Die Creme glatt pürieren, in eine Schüssel füllen und abkühlen lassen.

3 Die Sahne steif schlagen und unter den Pudding ziehen, mit Kakaopulver überstäuben.

TIPP

Noch schokoladiger wird es mit Schokoresten – bis zu 40 g sind prima.

TRAUBENTIRAMISU

FÜR 4 PERSONEN

750 g Weintrauben | 1 Limette | 140 ml heller Traubensaft | 200 g Magerquark | 300 g Joghurt | 1 Päckchen Vanillezucker | 200 g Cantuccini (ersatzweise Zwieback)

Zubereitungszeit: 25 Min. | Kühlzeit: 2 Std.

Pro Portion ca. 475 kcal, 17 g E, 15 g F, 67 g KH

1 Die Trauben waschen, halbieren, entkernen. Limette auspressen, Saft mit Traubensaft mischen. Ca. 90 ml abnehmen, den Rest mit Quark, Joghurt und Vanillezucker cremig rühren.

2 Die Auflaufform mit Cantuccini auslegen, mit 3 EL vom Saft-Mix beträufeln. Die Hälfte der Trauben darauf verteilen und mit der halben Menge Quark-Creme bedecken. Die restlichen Zutaten auf die gleiche Weise einschichten. Das Tiramisu mind. 2 Std. im Kühlschrank ziehen lassen.

VARIANTE

Fürs Tiramisu eignen sich auch Beeren oder gewürfelte Melone. Schneller geht's mit kernlosen Trauben.

MILCHREIS
mit Rhabarber-Erdbeer-Kompott

FÜR 4 PERSONEN

400 g Rhabarber | 50 g Soft-Datteln | 100 ml roter Traubensaft | 300 ml Buttermilch | 150 g Risottoreis | 1 Stück Bio-Zitronenschale | 1 EL Honig | 200 g Erdbeeren | 50 g Pinienkerne

Zubereitungszeit: 35 Min.

Pro Portion ca. 350 kcal, 8 g E, 9 g F, 58 g KH

1 Den Rhabarber waschen, putzen und in Stücke schneiden. Die Datteln fein hacken. Beides mit dem Traubensaft in einem Topf aufkochen und ca. 3 Min köcheln lassen. Kurz abkühlen und pürieren.

2 Buttermilch mit Reis und der Zitronenschale in einem Topf langsam zum Kochen bringen. Zugedeckt ca. 25 Min. köcheln lassen, dabei öfter umrühren. Am Ende mit Honig süßen.

3 Inzwischen die Erdbeeren waschen, putzen, Kelchblätter entfernen und je nach Größe halbieren oder vierteln. Kurz vor dem Servieren unter das abgekühlte Rhabarberkompott mischen.

4 Die Pinienkerne in einer Pfanne ohne Fett hellbraun anrösten. Auf dem Reis anrichten, mit dem Erdbeer-Rhabarber-Kompott servieren.

VARIANTE

Außerhalb der Saison schmecken statt Rhabarber Himeeren, frisch oder TK, oder Kirschen aus dem Glas.

TIPP

Milchreis brennt schnell an – deshalb häufig umrühren. Notfalls noch etwas Wasser dazugeben, wenn der Reis droht anzusetzen.

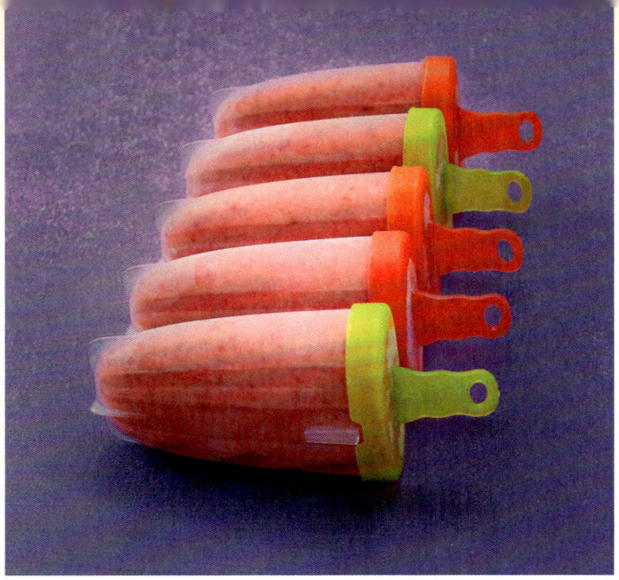

MÜSLI-EIS

FÜR 8 STÜCK

100 g Soft-Datteln | 500 g griechischer Joghurt | 200 g Müslimischung (Haferflocken, Amarant, Nüsse, Kerne und Samen) | 40 g Trockenobst (z. B. Aprikosen, Feigen, Cranberrys, Apfel) | 1 TL Zimtpulver | 8 Eis-am-Stiel-Förmchen | 8 Holz-Eisstäbchen

Zubereitungszeit: 15 Min. | Kühlzeit: 2 Std.

Pro Portion ca. 210 kcal, 5 g E, 8 g F, 29 g KH

1 Die Datteln grob zerkleinern und mit der Hälfte des Joghurts pürieren. Die Müslimischung in einer Pfanne ohne Öl rösten, bis sie duftet. 1 EL von der Mischung zum Garnieren beiseitestellen.

2 Das Trockenobst in sehr kleine Würfel schneiden. Den Datteljoghurt mit dem übrigen Joghurt, Müsli und Trockenobst mischen, Zimtpulver unterrühren. Das Müsli-Eis in 8 Eis-am-Stiel-Förmchen füllen, jeweils 1 Holz-Eisstäbchen in die Mitte stecken und mind. 2 Std. tiefkühlen. Dazu passt Obstsalat aus Orangen und Äpfeln.

FRUCHTEIS *am Stiel*

FÜR 8 STÜCK

250 g Erdbeeren | 1 Orange | 2 EL heller Honig (z. B. Akazienhonig) | 2 EL Schmand | 8 Eis-am-Stiel-Förmchen | 8 Holz-Eisstäbchen

Zubereitungszeit: 15 Min. | Kühlzeit: 3 Std.

Pro Portion ca. 45 kcal, 0 g E, 1 g F, 7 g KH

1 Die Erdbeeren waschen und putzen. Die Orange halbieren und den Saft auspressen.

2 Die Erdbeeren mit dem Orangensaft, dem Honig und dem Schmand mithilfe eines Pürierstabs oder im Mixer fein pürieren.

3 Die Masse auf 8 Eis-am-Stiel-Förmchen verteilen, jeweils 1 Holz-Eisstäbchen in die Mitte stecken. Mind. 3 Std. tiefkühlen, bis die Masse vollständig gefroren ist.

VARIANTE

Nach der gleichen Methode aus anderen weichen Früchten, z. B. aus Pfirsich, Birnen, Aprikosen, Melonen, Banane oder anderen Beeren, Eis herstellen.

FROZEN YOGURT

FÜR 8 PORTIONEN

500 g Joghurt | 50 ml Orangensaft |
2 EL Schokoladenraspel | 1 Päckchen Vanillezucker
Zubereitungszeit: 10 Min. | Kühlzeit: 3 Std.
Pro Portion ca. 50 kcal, 2 g E, 2 g F, 4 g KH

1 Den Joghurt mit Orangensaft glatt rühren, Schokoladenraspel und Vanillezucker untermischen.

2 Die Masse in einen Gefrierbehälter (ca. 25 × 13 cm) geben und mind. 3 Std. tiefkühlen.

3 Den Behälter 1 Stunde vor dem Servieren in den Kühlschrank stellen. Frozen Yogurt nach Belieben auf Schälchen verteilen oder stürzen und in Scheiben schneiden.

TOPPING

Gehaltvoller wird es mit Mohn, Amarant und Kokosflocken. Fruchtiger mit Obst wie Physalis, Orangenfilets oder Erdbeeren. Auch die Aromen von Basilikum und Minze passen prima zu Frozen Yogurt.

NICE CREAM

FÜR 8 PORTIONEN

250 ml Milch | 6 vollreife Bananen | 600 g TK-Beeren |
½ Zitrone | Salz
Zubereitungszeit: 10 Min. | Kühlzeit: 3 Std.
Pro Portion ca. 120 kcal, 3 g E, 2 g F, 24 g KH

1 Die Bananen schälen, in Stücke schneiden und mind. 3 Std. tiefkühlen.

2 Danach die Milch mit den TK-Bananen und -Beeren pürieren. Die Zitrone auspressen, mit 1 Prise Salz zur Nice Cream geben.

3 Entweder direkt mit dem Eisportionierer in Schälchen geben und servieren. Oder in einen Gefrierbehälter füllen und tiefkühlen. 1 Std. vor dem Servieren im Kühlschrank antauen lassen.

TIPP

Nice Cream ist eine tolle Verwertung für überreife, braune Bananen. Sie lässt sich mit allen weichen Obstsorten zubereiten. Mit frischen Obstspalten garnieren.

Feste FEIERN!

KINDERFESTE VORBEREITEN

Miteinander feiern verbindet die Familie. Alle strengen sich gemeinsam an, bereiten vor und genießen es, wenn die Gäste glücklich sind. Und werden sich immer an diese Stunden erinnern: Sie sind ein Band der Gemeinsamkeit. Deshalb ist es auch am schönsten, im privaten Rahmen zu feiern und kein Angebot der Freizeitindustrie zu nutzen. In der kalten Jahreszeit wird der Kindergeburtstag vielleicht wirklich im Haus stattfinden. Wenn es warm ist, können Sie auch einen Ausflug mit Picknick vorbereiten. Und bedenken Sie: Kinder mögen meist ganz einfache Dinge.

WICHTIG FÜR DIE KINDERPARTY

Wählen Sie Rezepte aus, die einfach gelingen und gut vorzubereiten sind. Dann kann Ihr Kind wunderbar mithelfen und stolz seinen Gästen das »eigene« Essen präsentieren.

TISCH ODER SELBSTBEDIENUNG Am Anfang ist ein »Tischkreis« gut, damit alle richtig ankommen. Für die Kleinsten ist die Geburtstagstafel mit Sitzordnung zum Essen wichtig. Doch im Schulalter kann ein kleines Büfett zur Selbstbedienung spannend sein.

SÜSSES FINGERFOOD Kinder haben noch kein Sitzfleisch. Beim Spielen und Toben eignet sich deshalb Fingerfood besonders gut. Trockene Kuchen, Muffins, Mini-Windbeutel oder Waffeln, bunte Gemüsesticks mit Dip oder kleines Laugenkonfekt sind toll. Obst verschwindet im Blechkuchen, geschnitten zu handlichen Zwergen-Portionen.

PIKANTE SATTMACHER Es muss nicht immer süß sein. Mini-(Laugen)brötchen sind schnell mit Avocado, Gurke, Lyoner oder Käse belegt. Machen Sie ein Mini-Burger-Büfett daraus! Die freie Wahl der bunten Zutaten macht den Kleinen Spaß. Das klappt auch mit einer Pizza nach Wunsch: Jeder darf sein Stück mit seinen Lieblingszutaten belegen. Wichtig: Alle Zutaten gut vorbereiten, sie müssen dann nur noch aus dem Kühlschrank geholt werden.

GETRÄNKE Trinken ist beim Toben wichtig. Planen Sie ca. 750 ml pro Kind ein. Süße Getränke machen noch durstiger, viel Kohlensäure lässt oft aufstoßen und führt zum (schmerzhaften) Blähbauch – Sie wissen nicht, was Ihre Gäste gewöhnt sind.
Im Sommer ist Eistee toll: Früchtetee kochen, mit reinem Apfelsaft süßen und abkühlen lassen. Zusätzlich Eiswürfel vorbereiten: Das lieben Kinder! Damit kann man auch Leitungswasser interessant machen: am besten zusätzlich mit Limettenscheiben oder tiefgekühlten Beeren aufgepeppt. Purer Saft ist dagegen zu süß und macht nur durstig!

GEMEINSAM PLANEN

Am schönsten ist es, wenn beide Eltern den Geburtstag organisieren und auch bei der Feier selbst dabei sind. Das entlastet und tut Ihrem Kind gut.

DIE VORBEREITUNG ist das A und O, fangen Sie frühzeitig an. Ein Plan hilft, alles festzuhalten. Hängen Sie ihn gut sichtbar auf und markieren Sie, wer welche Aufgabe übernimmt: So sind alle im Bild und können abhaken. Machen Sie sich im Vorhinein Gedanken über die Anzahl der Gäste. Die Faustregel lautet: Alter gleich Gästezahl. Um Enttäuschungen zu vermeiden, sprechen Sie den Termin am besten vorab mit den Eltern der Gastkinder ab.

DIE LOCATION muss manchmal spontan gewechselt werden: Machen Sie auch im Hochsommer einen Plan B für schlechtes Wetter. Und beachten Sie die Anzahl der Gäste: Für wie viele Kinder ist Platz in der Wohnung? Gut ist, wenn Sie auch im Winter eine Möglichkeit haben ins Freie zu gehen. Ein Ausflug zum naheliegenden Spielplatz oder in den Wald weckt die Abenteuerlust. Austoben ist die Devise! Eine Schnitzeljagd oder Schatzsuche macht vor allem Schulkindern Spaß.

DER ABLAUF ist manchmal gar nicht leicht zu planen – am Ende ist das neu geschenkte Spiel so fesselnd, dass Sie Ihre geplanten Beschäftigungen über Bord werfen können: Vor allem Kleinkinder lassen sich leicht beeindrucken. Trotzdem sollten Sie ein paar Spiele in petto haben, die alle kennen. Mehr als ein neues Spiel werden die Kinder bei einem Geburtstagsfest kaum akzeptieren. Bedenken Sie, dass vor allem kleinere Kinder sich nicht lange auf eine Sache konzentrieren und still sitzen können.

WAS ALLEN GUT BEKOMMT

Vermehrt auftretende Allergien und Unverträglichkeiten können einem Gastgeber die Lebensmittelwahl schwer machen. Auch hier gilt: Planung ist alles. Informieren Sie sich am besten im Vorhinein, ob es kleine »Feinschmecker« bzw. allergiegeplagte Partygäste gibt – so ersparen Sie sich die Zubereitung von Gerichten, auf denen Sie am Ende sitzen bleiben.
Und sehen Sie Sonderwünsche als spannende Herausforderung, die Ihren Horizont erweitert! Auf diesem Weg lernen Sie neue Lebensmittel und Zubereitungsarten kennen: Gebäck ohne Gluten dafür mit kernigem Buchweizen, Pudding mit Haferdrink statt Kuhmilch oder eine Veggie-Soja-Bolo statt Schweinehackfleisch bringen frischen Wind in Ihre Küche. Das weckt Experimentierfreude! Mehr zu Allergien und Unverträglichkeiten lesen Sie auf den Seiten 22 und 23.

WENN DIE FAMILIE KOMMT

> Gerade Kinder lieben es, wenn ihr Zuhause zum Mittelpunkt eines Familienfestes wird. Das fördert das »Wir-Gefühl« und gibt Geborgenheit und Sicherheit.
> Gute Planung ist Voraussetzung für ein harmonisches Fest. Überlegen Sie sich rechtzeitig den Speiseplan. Am besten kochen Sie vor – die Mengentabelle (siehe S. 31) hilft dabei. Prep-Braten (siehe S. 122), eine Suppe (siehe S. 64) oder Salate (siehe S. 146 und S. 150) eignen sich besonders.
> Lassen Sie sich helfen: So können Großeltern oder die Patentante vielleicht Kuchen oder einen Salat mitbringen, andere Dessert und eine Käseplatte. Wichtig: Sie halten die Fäden in der Hand und verteilen die Aufgaben mit Mengenangaben.
> Jeder muss mit anpacken. Wenn das nicht funktioniert, einzelne Produkte zukaufen und Hilfe für die Küche engagieren.

Wünsch-dir-was-KUCHEN

FÜR 1 BACKBLECH ODER 24 STÜCK

1 großer Apfel
1 EL Zitronensaft
6 Eier
1 Msp. gemahlene Kurkuma
150 g Schmand
2 EL Honig
250 g weiche Butter
80 g Zucker
2 Päckchen Vanillezucker
350 g Mehl (Type 1050)
3 TL Backpulver
50 ml heller Traubensaft
30 g Schokotropfen
30 g gehobelte Haselnüsse
3 EL Sahne
100 g gemischte Beeren (z. B. Himbeeren, Heidelbeeren, Johannisbeeren)

Zubereitungszeit: 30 Min.
Backzeit: 30 Min.
Pro Stück ca. 205 kcal, 4 g E, 13 g F, 39 g KH

1 Für den Apfelbelag den Apfel waschen, vierteln und das Kerngehäuse entfernen. Apfelviertel in schmale Spalten schneiden, mit Zitronensaft mischen. Für den Schmand-Beeren-Belag 1 Ei mit Kurkuma, Schmand und Honig glatt rühren. Ein Backblech mit Backpapier auslegen.

2 Den Backofen auf 200° vorheizen. Für den Teig die übrigen Eier trennen. Die Eiweiße steif schlagen. Die Butter mit Zucker und Vanillezucker cremig rühren. Erst die Eigelbe, dann nach und nach Mehl mit Backpulver und Saft unterrühren. Eischnee unterheben.

3 Teig auf dem Blech ausstreichen. Ein Drittel mit den vorbereiteten Apfelspalten belegen. Ein Drittel mit Schokotropfen und Haselnüssen bestreuen, mit Sahne einpinseln. Das letzte Drittel mit der vorbereiteten Schmandcreme bestreichen. Kuchen im heißen Ofen ca. 25–30 Min. backen.

4 Kuchen abkühlen lassen und in kleine Stücke schneiden. Beeren abbrausen, trocken tupfen und die Schmandschnitten damit toppen.

VARIANTE

Sie können auch ein Drittel des Teigs mit Kakaopulver und Raspelschokolade mischen. Zitronig wird der Kuchen mit abgeriebener Zitronenschale. Als Belag passen statt Apfelspalten Zwetschgen, Aprikosen oder Kirschen. Statt Honig schmeckt auch Schmand vermischt mit Aprikosen-Fruchtaufstrich. Und statt Schokotröpfchen Raspelschokolade. Schmeckt auch ohne Belag – oder getoppt mit einem Klecks Sahne und weichem Obst.

Grundrezept

ALLROUND-MUFFINS

Den Backofen auf 160° vorheizen. Die Mulden einer Muffinform fetten oder mit Papierförmchen auslegen. 250 g Mehl (Type 1050) mit 2 ½ TL Backpulver, ½ TL Natron und 1 Prise Salz mischen. 2 Eier in einer Rührschüssel kurz verquirlen, dann 100 g Zucker, 1 Päckchen Vanillezucker, 100 ml Rapsöl und 250 ml Buttermilch nur kurz unterrühren. Die Mehlmischung zur Eimasse geben. Nur so lange rühren, bis sich die Zutaten eben verbunden haben. Den Teig gleichmäßig auf die Mulden der Muffinform verteilen und im heißen Ofen (Mitte) in 20–25 Min. goldbraun backen.

Exotic-Muffins: 60 g Kokosflocken und 100 g klein gewürfelte Mango unter den Teig mischen.

Nuss-Muffins: 100 g gehackte Nüsse mit ½ TL Zimtpulver zum Teig geben.

Frucht-Muffins: 100 g Früchte, z. B. Heidelbeeren, Johannisbeeren, Kirschen, gewürfelte Aprikosen oder Pflaumen, zum Teig geben.

Schoko-Muffins: 30 g Kakaopulver und 70 g Raspelschokolade unter den Teig ziehen.

Weihnachts-Muffins: Den Teig mit 1 ½ TL Zimtpulver und ½ TL Lebkuchengewürz würzen.

Müsli-Muffins: Die Mehlmenge auf 200 g reduzieren und 100 g Knuspermüsli zum Teig geben.

NUSS-DATTEL-Ecken

FÜR 1 BACKBLECH ODER 25 STÜCK

125 g Soft-Datteln ohne Stein | 50 g Rapsöl | 200 g weiche Butter | Salz | 125 g gemahlene Haselnüsse | 250 g Mehl (Type 1050) | 150 g dunkle Kuvertüre

Zubereitungszeit: 30 Min. | Backzeit: 15 Min.
Pro Stück ca. 190 kcal, 2 g E, 14 g F, 12 g KH

1 Den Backofen auf 180° vorheizen. Das Backblech mit Backpapier auslegen.

2 Die Datteln grob hacken, zusammen mit dem Öl mit dem Pürierstab pürieren. Dattel-Öl-Mix und Butter mit den Rührbesen des Handrührgeräts schaumig rühren. 1 Prise Salz, Nüsse und Mehl dazugeben und weiterrühren.

3 Den Teig fingerdick auf das Backblech streichen und im heißen Ofen (Mitte) in 15 Min. goldbraun backen.

4 Noch heiß in kleine Dreiecke schneiden, abkühlen lassen. Die Kuvertüre erwärmen, bis sie flüssig ist. Jeweils die äußeren Ecken in die Kuvertüre tauchen und erstarren lassen.

TIPP

Schneiden Sie den Kuchen gleich, damit er nicht bricht. Die Dreiecke vor dem Glasieren dann aber kalt stellen, dann erstarrt auch die Kuvertüre schnell.

PLUNDERTEILCHEN

FÜR 12 STÜCK

1 Ei | 300 g Mehl (Type 1050) | ½ Päckchen Trockenhefe | 1 EL Butter | 2 EL Zucker | 1 Prise Salz | 150 ml lauwarmer Apfelsaft | 1 Packung Blätterteig (250 g; Kühlregal) | 1 Möhre | 4 EL Honig | 2 EL gehackte Nüsse | 2 EL Milch

Zubereitungszeit: 25 Min. | Gehzeit: 1 Std. | Backzeit: 15 Min.
Pro Stück ca. 195 kcal, 3 g E, 13 g F, 17 g KH

1 Das Ei trennen. Aus Mehl, Trockenhefe, Eigelb, Butter, Zucker, Salz und Apfelsaft einen glatten Hefeteig kneten. Den Teig zugedeckt an einem warmen Ort gehen lassen, bis er sein Volumen verdoppelt hat.

2 Den Backofen auf 180° vorheizen. Den gegangenen Hefeteig noch einmal durchkneten und etwas größer als die Rolle Blätterteig ausrollen, mit dem Eiweiß bestreichen, den Blätterteig auf den Hefeteig legen und mit Wasser besprühen.

3 Für die Füllung die Möhre raspeln. Raspel mit Honig, Nüssen und Milch mischen und die Füllung auf den Teig streichen. Den Teig von der Längsseite her aufrollen, die Kante leicht andrücken. Teigrolle in fingerbreite Schnecken schneiden und nebeneinander auf ein mit Backpapier belegtes Backblech legen. Im heißen Ofen (Mitte) ca. 15 Min. backen.

TORTELETTS
mit Beeren

FÜR 20 STÜCK

120 g Butter | 350 g Mehl (Type 1050) | 2 EL Zucker | Salz | 1 Ei zum Bestreichen | 240 g Mascarpone | 4 TL weißer Traubensaft | 500 g gemischte Beeren (z. B. Erdbeeren, Heidelbeeren, Johannisbeeren) | 10 EL Quittengelee

Zubereitungszeit: 30 Min. | Backzeit: 20 Min.
Pro Stück ca. 200 kcal, 3 g E, 11 g F, 21 g KH

1 Für den Teig die Butter mit 150 ml Wasser in einem geschlossenen Topf zum Kochen bringen. Mehl, Zucker und 1 Prise Salz in einer Schüssel mischen, den Butter-Wasser-Mix dazugießen. Mit einem Löffel alles glatt verarbeiten. In Frischhaltefolie auf Handwärme abkühlen lassen, einmal durchkneten.

2 Backofen auf 200° vorheizen. Backblech mit Backpapier auslegen. Den Teig portionsweise aus der Folie nehmen und 5 mm dünn ausrollen. Kreise von ca. 8 cm Durchmesser ausstechen (nehmen Sie ein umgedrehtes Trinkglas dafür) und auf das Blech setzen. Mit einer Gabel einstechen. Das Ei verquirlen und die Kreise damit dünn bestreichen. Teigreste zu dünnen Rollen formen, als Ränder auf die Kreise setzen und ebenfalls mit Ei bepinseln. Im Ofen in 20 Min. kross backen. Abkühlen lassen.

3 Für die Füllung inzwischen Mascarpone mit Traubensaft glatt rühren und in die abgekühlten Torteletts streichen. Die Beeren putzen, abbrausen, trocken tupfen und auf den Torteletts verteilen. Das Quittengelee mit 1 TL heißem Wasser verrühren, leicht erwärmen und als Guss auf den Beeren verteilen.

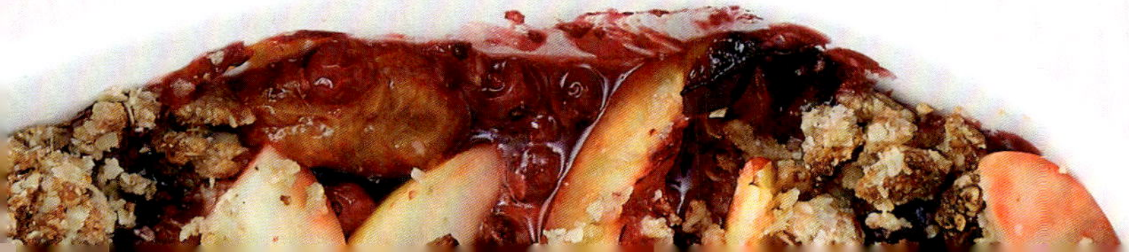

KRÜMELKUCHEN

FÜR 1 AUFLAUFFORM (24 × 34 CM)

750 g reifes Obst nach Geschmack und Saison (z. B. Nektarinen, Johannisbeeren, Zwetschgen) | 100 g ungeschälte Mandeln | 100 g Soft-Datteln ohne Kerne | 40 g Butter | 60 g Zucker | 2 Päckchen Vanillezucker | 1 Prise Salz | 100 g Dinkelmehl (Type 1050) | 40 ml Rapsöl | 100 g blütenzarte Haferflocken | Fett für die Form

Zubereitungszeit: 15 Min. | Backzeit: 25 Min.
Pro Portion ca. 255 kcal, 5 g E, 13 g F, 29 g KH

1 Das Obst waschen, trocken tupfen, bei Bedarf entsteinen. Große Früchte halbieren oder klein schneiden. Mandeln und Datteln fein hacken. Den Backofen auf 200° vorheizen.

2 Butter bei kleiner Hitze schmelzen lassen. Mit Zucker, Vanillezucker, Mandel-Dattel-Mix, Salz, Mehl, Rapsöl und den Haferflocken vermischen, dann zu Streuseln zerbröseln.

3 Die Auflaufform einfetten und die Hälfte der Streusel in die Form streuen. Das Obst darauf verteilen und mit den restlichen Streuseln bedecken.

4 Den Crumble im heißen Ofen (unten) in 25 Min. knusprig backen, dann im ausgeschalteten, geöffneten Ofen etwas abkühlen lassen.

Überraschungs-BAGUETTE

FÜR 8 PORTIONEN

1 großes Baguette (ca. 70 cm lang) | 1 Bund Basilikum | 50 ml Rapsöl | 50 g Butter | 300 g Tomaten | 50 g grüne Oliven ohne Stein | 200 g Gouda in Scheiben | Pfeffer aus der Mühle

Zubereitungszeit: 15 Min. | Backzeit: 15 Min.

Pro Portion ca. 265 kcal, 10 g E, 17 g F, 19 g KH

1 Das Baguette der Länge nach aufschneiden. Basilikum waschen, trocken schütteln und samt Stielen mit Öl und Butter pürieren. Die Tomaten waschen, vierteln, die Stielansätze entfernen und die Viertel in kleine Stücke schneiden. Die Oliven grob hacken.

2 Beide Baguettehälften mit der Basilikumcreme bestreichen. Auf die Unterseite die Hälfte des Goudas legen, darauf die Tomaten und Oliven verteilen und pfeffern. Mit dem restlichen Gouda belegen, die obere Brothälfte darauflegen, andrücken.

3 Den Backofen auf 200° vorheizen. Das Baguette in Alufolie wickeln, dicht verschließen. Im heißen Ofen (Mitte) ca. 15 Min. backen. Herausnehmen und kurz ruhen lassen. Alufolie entfernen und das Baguette in mundgerechte Scheiben schneiden.

VARIANTE

Wer mag, kann noch eine Lage Kochschinken auf die Tomaten legen. Und wer auf Alufolie verzichten möchte, verteilt 600 g Tomatenwürfel auf beide Hälften, belegt diese mit Gouda und überbackt sie offen.

MINI-BURGER-Büfett

FÜR 12 STÜCK

4 Laugenstangen-Rohlinge (TK) | 2 EL Sesam | 200 g Zucchini | 200 g Möhren | 1 Ei | 150 g Kräuterquark | 50 g Semmelbrösel | 20 g Reibekäse | 2 EL Rapsöl | 3 EL Tomatenmark | 1 Avocado | 1 EL Zitronensaft | 2 Essiggurken | 2 große Tomaten | Salatblätter | 3 Frühlingszwiebeln | ½ Salatgurke | 1 Spitzpaprika (nach Belieben) | Gouda in Scheiben (nach Belieben) | Hummus (nach Belieben)

Zubereitungszeit: 40 Min.
Pro Stück ca. 160 kcal, 5 g E, 6 g F, 21 g KH

1 Die Laugenstangen auftauen lassen. Jeden Teigstrang dritteln, zu Brötchen formen, mit Sesam bestreuen. Nach Packungsanweisung backen.

2 Zucchini und Möhren waschen, Enden abschneiden und fein reiben. Mit Ei, 50 g Kräuterquark, Bröseln und Reibekäse zu einem Teig verarbeiten. Daraus 12 kleine Pattys formen und im heißen Öl ausbacken.

3 Die Brötchen halbieren, wieder zusammensetzen und mit den Pattys zum Füllen zurechtlegen.

4 Tomatenmark und übrigen Kräuterquark in Schälchen füllen. Avocado halbieren, Kern entfernen, Hälften schälen und in Scheiben schneiden, mit Zitronensaft beträufeln. Essiggurken klein würfeln. Gemüse waschen. Tomaten in Scheiben schneiden. Salat klein zupfen. Frühlingszwiebeln in dünne Ringe schneiden. Gurke in Scheiben hobeln. Alles zum Selberfüllen bereitstellen. Nach Belieben Paprikaringe, Gouda in Scheiben und Hummus ergänzen.

KNABBERZOO

Wenn rohes Gemüse so niedlich aussieht, begeistern sich auch Gemüsemuffel dafür – vor allem, wenn sie mitmachen dürfen. Wer mag, stellt noch einen Dip dazu (siehe S. 54).

1

Paprikaschiffchen: 1 Paprika in ca. 2 cm breite Spalten schneiden. Eisbergsalat zu Segeln schneiden. Je einen Käsewürfel auf jede Spalte setzen, einen Holzspieß durch das Segel stecken und im Käsewürfel fixieren.

2

Möhrenschnecke: 1 Möhre schälen, dabei eine Seite abflachen. Mithilfe eines Spießchens Schnittlauch als Fühler einstecken. Als Haus Mozzarellakugel mit etwas Tomatenmark auf die Möhre kleben.

3

Radieschenmaus: Vom Grün des Radieschens 1 Herzblättchen als Schwanz stehen lassen, die Wurzel als Schnäuzchen nehmen. Für die Augen kleine Kerben einritzen, schwarze Sesamsamen hineinlegen, für die Ohren das Radieschen oben zweimal einschneiden und die entstandenen Klappen etwas abspreizen.

4

Tomatenkäfer: 1 Tomate auf den Blütenansatz stellen, oben eine Kappe abschneiden, Kappe halbieren. Inneres aushöhlen, mit Hüttenkäse und Schnittlauchröllchen mischen, einfüllen. Flügel gespreizt aufsetzen, als Punkte Hüttenkäsekörner nehmen. Schnittlauch als Fühler einstecken.

5

Gurkenschlange: 1 Salatgurke waschen und in Scheiben schneiden, als Schlange auf ein Holzbrett setzen. Das lange Ende einschneiden, aus dem Mund eine Paprikazunge schlängeln lassen. Die Augen aus Tomatenmark und Mozzarella formen.

PIZZA

für alle

FÜR 1 BACKBLECH

250 g Mehl (Type 1050)
½ Päckchen Trockenhefe
1 ½ TL Salz
30 g geriebener Parmesan
1 TL gehackter Rosmarin
4 EL Olivenöl
200 g stückige Tomaten (Dose)
3 EL Tomatenmark
Pfeffer

Zubereitungszeit: 15 Min.
Ruhezeit: 45 Min.
Backzeit: 20 Min.
Pro Portion ca. 345 kcal,
11 g E, 13 g F, 44 g KH

1 In einer Schüssel Mehl und Trockenhefe mischen. Dann Salz, Parmesan, Rosmarin und 2 EL Olivenöl dazugeben. Mit knapp 150 ml lauwarmem Wasser zu einem elastischen Teig verkneten, bei Bedarf noch etwas Wasser dazugeben. Zugedeckt mind. 45 Min. an einem warmen Ort gehen lassen.

2 Für die Sauce stückige Tomaten mit dem Tomatenmark mischen, salzen und pfeffern. Ein Backblech mit Backpapier auslegen.

3 Wenn der Teig sein Volumen verdoppelt hat, durchkneten, ausrollen und auf das Backblech legen. Den Backofen auf 220° vorheizen. Den Teig mit dem Tomatenmix bestreichen, nach Wunsch belegen und auf der untersten Schiene 15–20 Min. backen. Mit dem übrigen Öl beträufeln und servieren.

VARIANTE

Für Pizza Salami 1 kleine Zucchini in dünnen Scheiben, 1 gelbe gewürfelte Paprika und 2 Mozzarellakugeln in dünnen Scheiben über die Pizza streuen. Die Salami (12 dünne Scheiben) erst nach dem Backen auf die Pizza legen.

Für Pizza Funghi 500 g geputzte Champignons oder Kräuterseitlinge in dünne Scheiben schneiden, 2 Knoblauchzehen fein würfeln und beides auf der Pizza verteilen. Mit 150 g geriebenem Emmentaler bestreuen.

Für Pizza Caprese 250 g halbierte Kirschtomaten, 30 g gehackte Tomaten in Öl und 2 Kugeln Mozzarella in Würfeln auf der Pizza verteilen. Nach dem Backen Basilikumblätter aufstreuen.

Erkältung, Fieber,

KRANK!

Bauchzwicken

SCHONKOST MACHT GESUND

Mit dem richtigen Essen können Sie Ihr krankes Kind wieder aufpäppeln. Kinder werden häufig krank. Sie setzen sich mit den Keimen ihrer Umwelt auseinander, das stärkt letzten Endes ihre Abwehrkräfte. Gerade harmlose Infektionskrankheiten kann Ihr Kind aus eigener Kraft überstehen, wenn Sie es dabei unterstützen. Frisch zubereitete Lieblingsgerichte wecken die Lebensgeister. Fragen Sie Ihr Kind nach seinen Wünschen, achten Sie darauf, dass die Portionen klein und appetitlich sind. Bei Magen-Darmproblemen hilft die richtige Schonkost, Fieber verlangt andere Nahrung wie eine Erkältung. Das hilft nachhaltiger als jedes Medikament.

DAS BAUT IHR KIND AUF

TRINKEN Ein frisches Getränk sollte immer in Reichweite stehen. Trinklerntasse oder Trinkflasche sind ideal, weil man daraus auch halb im Liegen trinken kann. Tees oder frisch gepresste Säfte in der Thermoskanne aufbewahren. Oft mögen Kinder Eiswasser. Erneuern Sie jede Stunde das Getränk und beobachten Sie, wie viel Ihr Kind trinkt.

ESSEN Saftige Speisen in appetitlichen Happen sind ideal: Obststückchen mit Spießchen, Joghurt, TK-Himbeeren zum Lutschen, Granatapfelkerne, Gurkenscheiben oder Kirschtomaten zum Knabbern, Sandwichhäppchen, Buchstabensuppe. Seien Sie nicht enttäuscht, wenn Ihr Kind dann doch nichts isst. Versuchen Sie es später noch einmal. Inzwischen die Speise im Kühlschrank aufbewahren und vor dem nächsten Versuch einmal aufkochen.

ERKÄLTUNG Wichtig sind Flüssigkeit und Vitamine. Vielleicht hat Ihr Kind Schluckbeschwerden und schmeckt wenig. Frisch gepresste Säfte oder Smoothies sind ideal, auch in Form von Eis am Stiel. Gewürze und Kräuter, die die Atemwege frei machen und die Durchblutung der Schleimhäute fördern, tun gut: Ingwer, Senf, Meerrettich, Schnittlauch, Pfefferminze. Suppen und Tees regen das Abfließen der Sekrete an. Bewährte Tees: Lindenblüten bei Erkältung, Kamillen-Salbei-Tee bei Halsschmerzen, Kamillentee bei Schnupfen, Thymiantee zur Schleimlösung.

FIEBER Kinder fiebern schnell, aber bei Temperaturen um 40 Grad sollten Sie einen Arzt hinzuziehen. Trinken ist wichtig, denn durch das Schwitzen verliert Ihr Kind extra viel Flüssigkeit. Essen belastet den Körper in der Fieberphase unnötig – entsprechend appetitlos sind fiebernde Kinder. Vor allem fette, eiweißreiche Gerichte meiden. Allenfalls etwas Obst, Kompott, Nudelsuppe oder Fruchtpürees füttern. Holunderblüten- und Lindenblütentee wirken schweißtreibend.

PROBLEME MIT DER VERDAUUNG

Der Stuhl gibt wichtige Zeichen für Wohlergehen oder auch für Störungen, gerade bei Kindern. Häufige Verdauungsprobleme können auch auf eine Unverträglichkeit zurückzuführen sein (siehe S. 22/23).

DURCHFALL Wenn krankmachende Keime die Überhand gewinnen, wird der Stuhl nicht mehr eingedickt, sondern ausgeschieden. Das kann bei Kindern zu gefährlichem Flüssigkeitsverlust führen. Deshalb ist es wichtig, viel zu trinken und gleichzeitig stopfende Substanzen zu geben (siehe Rezepte S. 180/181). Ist der Durchfall nach einem, höchstens zwei Tagen vorbei, braucht Ihr Kind noch einen Tag Schonkost und kann dann zur gewohnten Alltagskost übergehen. Häufig ist die Ursache von Durchfällen eine Lebensmittelinfektion. Wichtig ist Hygiene im Umgang mit dem kranken Kind.

DAS STOPFT! Bei akutem Durchfall hilft schwarzer Tee mit etwas Zitronensaft, Zucker und Salz, um den Flüssigkeitsverlust auszugleichen und den Kreislauf anzuregen. Roh geriebener Apfel absorbiert Flüssigkeit und festigt den Stuhl (Achtung: nicht verwechseln mit Apfelmus – das führt nämlich ab). Karottencremesuppe und Kartoffelschnee haben eine ähnliche Wirkung. Blitzlösung: Karotten aus dem Babygläschen nehmen. Zwieback zum Knabbern geben. Bei manchen Kindern schlägt die Cola-Salzstangen-Diät an. Hafer- oder Reisschleim beruhigt den Magen.

ERBRECHEN Wenn Erbrechen dazukommt, ist die Gefahr des Flüssigkeitsverlustes noch größer. Halten Sie trotzdem zwei bis drei Stunden Karenz ein und geben Sie Ihrem Kind weder zu essen noch zu trinken. Erbricht es nicht weiter, können Sie beginnen, löffelweise die Schwarzteemischung zu geben.

WENN DER BAUCH ZWICKT

Das, was ein Kind als Bauchweh bezeichnet, sind in der Regel Blähungen. Es hat Probleme, bestimmte Nahrungsbestandteile zu verdauen, oder krankmachende Keime bremsen die natürliche Verdauung. Der Nahrungsbrei beginnt im Darm zu gären, es entwickeln sich Gase – das kann wehtun. Wenn Ihr Kind weder Rohkost noch Vollkorn gewöhnt ist, kann es zunächst darauf mit Blähungen reagieren – vor allem in Kombination mit Süßem. Hülsenfrüchte und Zwiebeln können bei empfindlichen Kindern ebenfalls zu Blähungen führen. Auch bei schlichtem »Überessen«, z. B. bei Festen, kann es zu Bauchweh kommen. Am besten hilft Ruhe und Wärme im Bauchbereich: das entspannt. Fenchel-, Rotbusch- oder Kamillentee und Cremesuppen mit magenberuhigend oder antibakteriell wirkenden Kräutern und Gewürzen wie Thymian, Kümmel, Anis, Fenchel, Pfefferminze und Ingwer beruhigen den Darm.

VERSTOPFUNG

> Wenn die Nahrung zu wenige Ballaststoffe enthält, das Kind zu wenig trinkt und sich kaum bewegt, braucht der Stuhl viel länger für die Reise durch den Darm. Am Ende ist er so hart, dass der Stuhlgang schmerzhaft ist. Das führt zu einem Teufelskreis: Das Kind geht nicht aufs Klo, weil es wehtut, und der Stuhl verhärtet immer mehr.
> Achten Sie darauf, dass Ihr Kind genug trinkt. Besonders wirkungsvoll: 1 Glas stilles Wasser auf nüchternen Magen. Rohes Obst und Gemüse sowie Vollkorn, Leinsamen, Nüsse und Trockenobst liefern viele Ballaststoffe, die die Verdauung in Schwung bringen. 1–2 TL Milchzucker in Joghurt oder Apfelmus wirken natürlich abführend. Pastinaken und Topinambur helfen durch Inulin.
> Viel Bewegung regt die Kontraktionen des Darms an.
> Stopfende Nahrungsmittel meiden: Schokolade und Kakao, Weißbrot, Fast Food.

AUFBAUENDE SNACKS

für schnelle Genesung

MAGENPFLASTER-SUPPE

FÜR 2 PORTIONEN

200 g mehligkochende Kartoffeln und 200 g Möhren waschen, schälen, grob zerkleinern und in einen Topf mit 250 ml kochendem Wasser geben, 1 TL Salz dazugeben und in ca. 20 Min. bei kleiner Hitze weich kochen. Dann mit dem Pürierstab fein pürieren, mit 1 TL Zitronensaft und Sojasauce abschmecken. Die Ballaststoffe in Kartoffeln und Möhren wirken leicht stopfend, das Salz ersetzt Natrium, das durch den Flüssigkeitsverlust verloren geht.

Zubereitungszeit: 35 Min.
Pro Portion ca. 100 kcal, 3 g E, 0 g F, 20 g KH

APFEL-PORRIDGE

FÜR 2 PORTIONEN

100 g blütenzarte Haferflocken mit 400 ml Wasser und 1 Msp. Salz aufkochen und bei kleiner Hitze ca. 10 Min. kochen. 1 Apfel waschen und schälen, auf einer Apfelreibe fein reiben und unter den Haferbrei ziehen. Mit 1 Prise Zimtpulver abschmecken. Hafer ist etwas gehaltvoller als Reis, aber gut verträglich. Der geriebene Apfel wirkt durch das in ihm enthaltene Pektin zusätzlich stopfend.

Zubereitungszeit: 35 Min.
Pro Portion ca. 210 kcal, 7 g E, 4 g F, 34 g KH

REISBREI

FÜR 2 PORTIONEN

100 g Rundkornreis (Milch- oder Risottoreis) mit 400 ml Wasser und ½ TL Salz ca. 20 Min. bei schwacher Hitze garen, dabei ab und zu umrühren. 1 Stück Ingwer (2 cm lang) in Scheiben schneiden und mitkochen. Mit Sojasauce abschmecken, Ingwer herausnehmen. Nach Geschmack mit 1 Schuss Möhrensaft würzen. Reis ist besonders leicht verdaulich und gut verträglich. Je weicher er gekocht wird, desto besser.

Zubereitungszeit: 30 Min.
Pro Portion ca. 195 kcal, 6 g E, 1 g F, 41 g KH

WUNDER-WAFFELN

FÜR 8 WAFFELN ODER 40 WAFFELHERZEN

200 g Dinkelmehl, 200 g zarte Haferflocken, 2 TL Salz, 1 TL Fenchelsamen, Saft und abgeriebene Schale 1 Bio-Zitrone, 3 TL Backpulver, knapp 250 ml Wasser, 1 Ei und 2 EL Rapsöl zu einem dickflüssigen Teig rühren. Das Waffeleisen leicht einölen und erhitzen. Aus dem Teig nach und nach 8 Waffeln backen. Fenchel beruhigt den Magen und wirkt gegen Bauchweh und Blähungen. Sobald sich der Zustand bessert, kann ein Teil des Wassers durch Apfelsaft ersetzt werden.

Zubereitungszeit: 35 Min.
Pro Waffelherz ca. 45 kcal, 1 g E, 1 g F, 6 g KH

Leicht verdaulich und mild: wohltuend für kranke Bäuche. In kleinen Portionen tragen diese Rezepte dazu bei, dass Ihr Kind sich nach ein bis zwei Tagen wieder wohlfühlt.

TOPFIT-SUPPE
für den Vorrat

FÜR 12 PORTIONEN

1 kg Hühnerklein oder Suppenknochen | Pfeffer | Salz | 3 Zwiebeln | 3 Knoblauchzehen | 3 Lorbeerblätter | 500 g Wirsing | 1 Stange Lauch | 1 kleine Knolle Sellerie | 1 Rote Bete | 4 Möhren | 1 Salatgurke | 1 rote Paprika | 3 große Tomaten | 1 TL Currypulver | 200 g Crème fraîche | 50 g Erdnussmus | 4 EL Tomatenmark | Sojasauce

Zubereitungszeit: 1 Std. 10 Min.
Pro Portion ca. 355 kcal, 20 g E, 26 g F, 9 g KH

1 Hühnerklein oder Knochen mit Pfeffer und 1 EL Salz in 1 l Wasser in einem großen Topf (mind. 6 Liter) zum Kochen bringen. 30 Min. zugedeckt kochen lassen.

2 Inzwischen Zwiebeln und Knoblauch schälen, Lorbeerblätter in die Zwiebeln stecken. Wirsing mit Strunk klein schneiden. Lauch putzen, gründlich waschen und in Ringe schneiden. Übriges Gemüse waschen, schälen und in mundgerechte Stücke teilen.

3 Das Gemüse bis auf Gurke, Paprika und Tomaten in die kochende Brühe geben, in ca. 40 Min. weich kochen. Lorbeer und Knochen herausfischen. Das restliche Gemüse dazugeben und einmal aufkochen.

4 Gemüsesuppe mit dem Pürierstab fein pürieren, dabei Currypulver, Crème fraîche, Erdnussmus und Tomatenmark dazugeben. Mit Sojasauce abschmecken und bei Bedarf mit Wasser etwas verdünnen. Nach Wunsch portionsweise einfrieren.

INFO

Gemüse hat je nach Sorte unterschiedliche Vitamine, Mineral- und Bio-Aktivstoffe, die sich ergänzen. Erdnuss und Crème fraîche sorgen für Sättigung. Gleichzeitig rutscht die Suppe perfekt – auch bei dicken Mandeln. Weil die Suppe wenig Eiweiß enthält, ist sie auch als Krankenkost bei Fieber geeignet.

VARIANTEN

Vegetarisch wird die Suppe nur mit Wasser gekocht. Am besten gewürzt mit Miso, einer aromatischen Sojapaste. Auch das Gemüse lässt sich variieren: Süßkartoffeln, Pastinaken, Grün- oder Blumenkohl passen ebenfalls.

ERFRISCHUNGS-joghurt

FÜR 1 PORTION

½ reife Banane | 100 g Joghurt | 3 EL Orangensaft | 1 TL blütenzarte Haferflocken | 1 TL ungeschälter Sesam | 2 Mandarinen

Zubereitungszeit: 10 Min.

Pro Portion ca. 200 kcal, 6 g E, 7 g F, 27 g KH

1 Die Banane schälen. Den Joghurt mit der Banane und dem Orangensaft pürieren. Haferflocken und Sesam untermischen.

2 Die Mandarinen schälen und in ihre Segmente teilen. Diese unter den Joghurt mischen.

INFO

Eiweiß sorgt in der Erholungsphase gemeinsam mit Vitaminen wie Folsäure für die Zellerneuerung. Da ist Joghurt mit rohem Obst die ideale Kombination.

VARIANTE

Statt Mandarinen passen auch frische oder aufgetaute Beeren, Melonenstückchen oder Apfel. Statt Sesam passen auch Kokosraspel oder gehackte Walnüsse.

VITAMINEIS

FÜR 8 PORTIONEN

1 Beutel Schwarztee | 150 g getrocknete Soft-Aprikosen | 50 g Soft-Datteln | 100 g Hagebuttenmark | 4 EL Sanddornsaft | 1 Prise Zimtpulver | 8 Eis-am-Stiel-Förmchen

Zubereitungszeit: 25 Min. | Kühlzeit: 6 Std.

Pro Portion ca. 95 kcal, 1 g E, 0 g F, 14 g KH

1 Den Teebeutel mit ¼ l kochendem Wasser überbrühen und 2 Min. ziehen lassen. Inzwischen die Aprikosen und Datteln hacken. Den Beutel entfernen und die Früchte zum Tee geben.

2 Wenn der Mix abgekühlt ist, mit dem Pürierstab fein pürieren, dabei Hagebuttenmark und Sanddornsaft zufügen, mit Zimtpulver würzen.

3 Den Früchtemix in die Eisförmchen füllen, verschließen und einfrieren. Nach ca. 6 Std. sind sie fest.

INFO

Der Tee bringt den Kreislauf, der nach längerem Liegen schwächeln kann, wieder auf Touren. Der Mix stärkt die Immunabwehr durch viel Vitamin C, Ballaststoffe, Karotinoide und Bio-Aktivstoffe.

BIOAKTIVSTOFFE

SEKUNDÄRE PFLANZENSTOFFE	DAS IST`S ...	SO WIRKT'S ...	DA IST'S DRIN ...
Karotinoide	Farbstoffe (gelb, orange, rot)	• fangen freie Radikale • schützen die Zellen vor Umwelteinflüssen • stärken die Abwehr und beugen Krebs vor • schützen die Augen	orange-gelb-rotes Gemüse, z. B. Tomaten, Möhren, Paprika; Obst wie Grapefruit, Aprikose, Melone; grünes Gemüse, z. B. Brokkoli, Grünkohl, Spinat
Phytosterine	Membranbaustoff; Pflanzenhormone, die ähnlich wie Cholesterin aufgebaut sind	• hemmen im Darm die Aufnahme des Nahrungscholesterins und senken so den Cholesterinspiegel • mindern das Risiko für Herz-Kreislauf-Erkrankungen • schützen vor Dickdarmkrebs	Sonnenblumenkerne, Sesamsaat, Sojabohnen natives Sojaöl
Glukosinolate	Abwehrstoffe gegen Feinde	• hemmen die Entstehung von Krebstumoren im Darm und in Brust und Prostata • wirken antibiotisch und antimikrobiell • fördern die Verdauung • senken den Cholesterinspiegel	Senf, Kresse, Kohlgemüse, Meerrettich
Flavonoide	Farbstoffe (gelb, blau, violett)	• können Lungen-, Haut- und Brustkrebs vorbeugen • machen freie Radikale unschädlich • senken das Risiko von Herz-Kreislauf-Erkrankungen • stärken das Immunsystem • mildern Entzündungsreaktionen	Apfel, Zwiebel, Endivie, Sellerie, Paprika grüner Tee, Sojabohnen dunkle Schokolade, Heidelbeeren, Cranberrys
Phenolsäuren	Abwehrstoffe gegen Feinde	• senken das Risiko für bestimmte Krebserkrankungen	Kaffee, Tee, Vollkornprodukte, Grünkohl, Weißkohl, Radieschen
Protease-Inhibitoren	Enzyme	• machen freie Radikale unschädlich • können Krebs vorbeugen	Getreide, Kartoffel, Hülsenfrüchte, Sojabohnen, Reis, Erdnuss
Monoterpene	Aromastoffe	• können Krebs vorbeugen, • wirken antimikrobiell • können das LDL-Cholesterin senken	Hauptbestandteile ätherischer Öle; Orangen, Kümmel, Fenchel, Minze

SEKUNDÄRE PFLANZENSTOFFE	DAS IST`S …	SO WIRKT'S …	DA IST'S DRIN …
Phyto-Östrogene	Pflanzenhormone, die ähnlich wie das weibliche Sexualhormon Östrogen aufgebaut sind	• können Krebs vorbeugen • helfen Beschwerden in den Wechseljahren zu lindern • schützen das Herz-Kreislauf-System	Sojabohnen, Samen, Hopfen, Obst und Gemüse
Saponine	Komplexbildner mit Proteinen und Lipoiden	• binden Cholesterin und Gallensäuren, hemmen dadurch die Entstehung von Dickdarmkrebs • senken den Cholesterinspiegel und den Blutzuckerspiegel • wirken antibiotisch, besonders bei Pilzerkrankungen • regen die Abwehrkräfte an, stimulieren das Immunsystem	Hülsenfrüchte und deren Sprossen, Spargel, Hafer, Spinat, Lakritz
Sulfide	Duft- und Aromastoffe	• reduzieren das Risiko von Herz-Kreislauf-Erkrankungen • können das Wachstum von Bakterien, Pilzen und Viren unterdrücken • können die Blutgerinnung beeinflussen • senken das Risiko für bestimmte Krebserkrankungen	Zwiebel, Lauch, Knoblauch, Schnittlauch
Ballaststoffe	Bestandteile der Zellwand und intrazelluläre Polysaccharide	• regen die Verdauung an • beugen Dickdarmkrebs vor	Vollkornprodukte, Kleie, Leinsamen, Hülsenfrüchte
Milchsäure-Bakterien	Bakterien, die an der Fermentation von Lebensmitteln beteiligt sind	• helfen bei der Bildung einer stabilen Darmflora, können so die Verdauung anregen und vor Darmkrebs schützen • wirken antimikrobiell und stärken die Abwehr • senken das LDL-Cholesterin	Gesäuerte Milchprodukte, besonders probiotischer Joghurt, Sauerteigbrot, milchsaures Gemüse (Sauerkraut, Gurken, Sellerie)

Register von A–Z

Damit Sie Ihre Lieblingsrezepte noch schneller finden, sind in diesem Register auch häufige Zutaten wie Apfel oder Kartoffel alphabetisch eingeordnet und hervorgehoben. Vegetarische Gerichte erkennen Sie an der grünen Schrift.

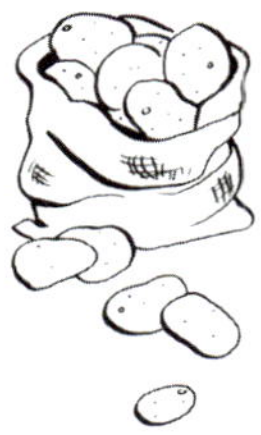

L

M

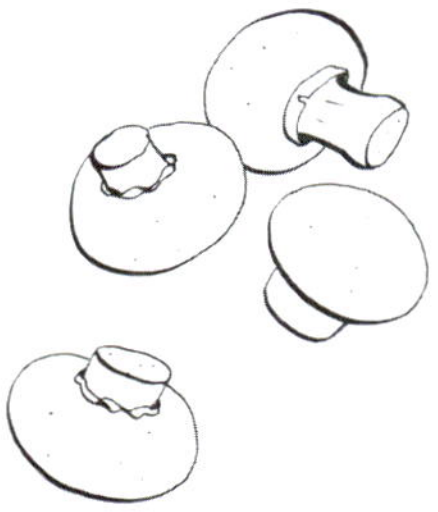

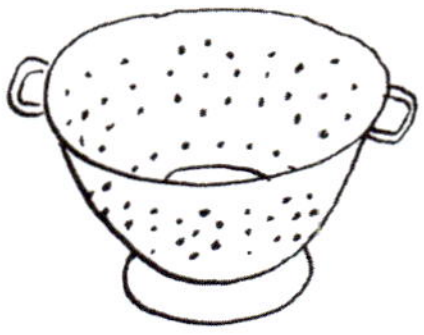

APPETIT AUF MEHR?

ISBN 978-3-8338-7297-6

ISBN 978-3-8338-4474-4

ISBN 978-3-8338-7200-2

ISBN 978-3-8338-5333-3

ISBN 978-3-8338-2261-2

ISBN 978-3-8338-5943-4

e Auch als eBook erhältlich.

GU

Mehr von GU auf **www.gu.de** und **facebook.com/gu.verlag**

DIE AUTORIN

Dagmar von Cramm ist eine der bekanntesten Food-Journalistinnen und prominenteste Ernährungsexpertin Deutschlands. Viele ihrer über 4 Millionen verkauften Bücher sind seit Jahren Bestseller. In ihrem Freiburger Redaktionsbüro mit angeschlossener Versuchsküche entwickelt sie mit ihrem Team Rezepte und Beiträge für Kochbücher und Zeitschriften. So gründete sie 2014 die Zeitschrift *eat healthy* und engagiert sich ehrenamtlich im Bereich Ernährung, u. a. als Mitglied im Präsidium der Deutschen Gesellschaft für Ernährung (DGE). Ihre überaus erfolgreichen Bücher *Unser Baby* (1996), *Kochen für Babys* (1987), *Kochen für Kleinkinder* (1989) und *Das große GU Familienkochbuch* (1999) sind Klassiker und begleiten viele Familien schon lange Jahre. Dagmar von Cramm lebt mit ihrem Mann, Hund und Hühnern in Freiburg in ihrer Alten Mühle im Markgräfler Land. Ihre 3 Söhne sind dem familiären Küchentisch längst entwachsen, doch ihr Enkel testet nun schon seine ersten Babybreie. Bei der Runderneuerung dieses Buches wurde sie von ihrer Volontärin **Nina Lange** unterstützt.
www.dagmarvoncramm.de

DIE FOTOGRAFIN

Barbara Bonisolli ist eine erfolgreiche Foodfotografin. Sie moderierte ihre eigene Garten- und Kochsendung im Fernsehen, in der Wissenswertes und Nützliches über eine nachhaltige Lebensweise, saisonale Gartenarbeit und gesunde Ernährung vermittelt wird. Barbara Bonisolli lebt seit mehr als zehn Jahren mit ihrem Mann und ihren 3 Kindern auf dem Land und verwirklicht dort, wovon viele träumen. In ihrem Landgarten sät und pflanzt sie, was auf den Tisch kommt. Ein besonderes Dankeschön geht an **Alina Neumeier** (Assistenz und Bildbearbeitung) und an die Foodstylistin **Zeynep Jansen** sowie an alle großen und kleinen Models.

Alle Bilder von Barbara Bonisolli, außer: S. 9, S. 11 links, S. 24, S. 33, S. 97, S. 160 links unten: Getty; S. 10 links oben, S. 22, S. 46 oben, S. 63: Stocksy; S. 19 unten, S. 23 oben, S. 30 unten, S. 31, S. 34 links unten: Anke Schütz; S. 11 oben, S. 14, S. 15, S. 16, S. 17, S. 18, S. 19 oben, S. 21, S. 23 unten, S. 26, S. 29, S. 30 oben, S. 35, S. 47, S. 159, S. 160 oben, unten rechts, S. 161, S. 177, S. 179: Plainpicture; S. 12 oben: Shutterstock; S. 12 rechts unten: Adobe; S. 12 links unten, S. 178 oben: Mauritius; S. 20: Vivi d'Angelo; S. 27: Kramp + Gölling; S. 28: Jana Liebenstein
Alle Illustrationen: Julia Hollweck.

Syndication: www.seasons.agency

Projektleitung: Monika Greiner
Lektorat: Margarethe Brunner
Korrektorat: Ulrike Wagner
Bildredaktion: Natascha Klebl und Monika Greiner
Innen- und Umschlaggestaltung: independent MedienDesign, Horst Moser, München
Herstellung: Susanne Fuhrmann
Satz: Longo AG, Herbert Steger, Bozen
Reproduktion: Longo AG, Bozen
Druck: Firmengruppe APPL, aprinta druck, Wemding
Bindung: Conzella, Pfarrkirchen

ISBN 978-3-8338-6883-2

Vollständig überarbeitete Neuausgabe

3. Auflage 2020

Umwelthinweis:
Dieses Buch ist auf PEFC-zertifiziertem Papier aus nachhaltiger Waldwirtschaft gedruckt.

www.facebook.com/gu.verlag

GRÄFE UND UNZER

Ein Unternehmen der
GANSKE VERLAGSGRUPPE

QUALITÄTS G|U GARANTIE

Liebe Leserin, lieber Leser,

haben wir Ihre Erwartungen erfüllt? Sind Sie mit diesem Buch zufrieden? Haben Sie weitere Fragen zu diesem Thema? Wir freuen uns auf Ihre Rückmeldung, auf Lob, Kritik und Anregungen, damit wir für Sie immer besser werden können.

GRÄFE UND UNZER Verlag
Leserservice
Postfach 86 03 13
81630 München
E-Mail:
leserservice@graefe-und-unzer.de

Telefon: 00800 / 72 37 33 33*
Telefax: 00800 / 50 12 05 44*
Mo–Do: 9.00 – 17.00 Uhr
Fr: 9.00 – 16.00 Uhr
(gebührenfrei in D, A, CH)*

Ihr GRÄFE UND UNZER Verlag
Der erste Ratgeberverlag – seit 1722.

Backofenhinweis:
Die Backzeiten können je nach Herd variieren. Die Temperaturangaben in unseren Rezepten beziehen sich auf das Backen im Elektroherd mit Ober- und Unterhitze und können bei Gasherden oder Backen mit Umluft abweichen. Details entnehmen Sie bitte Ihrer Gebrauchsanweisung.

Abkürzungsverzeichnis:
EL = Esslöffel
TL = Teelöffel
g = Gramm
kg = Kilogramm
cm = Zentimeter
ml = Mililiter
cl = Zentiliter
l = Liter
Msp. = Messerspitze
E = Eiweiß
F = Fett
KH = Kohlenhydrate
kcal = Kilokalorien
Min. = Minuten
TK- = Tiefkühl-
Ø = Durchmesser